Entdecken Sie Peking!

Kaisergelbe Dächer, Schätze einer Weltkultur, Tempel und Altäre – doch Peking ist eine Stadt im Wandel

Die Erwartung ist groß. Peking war einst Mittelpunkt einer Weltkultur. Die Mongolen und die Mandschus beherrschten von hier aus den größten Teil Ostasiens. Heute ist die Stadt politisches und kulturelles Zentrum für ein Fünftel der Menschheit, rund das Doppelte von ganz Europa. Und mit der »Verbotenen Stadt«, mit seinen Tempeln und Palästen verkörpert Peking, so mag es scheinen, die gesammelten Geheimnisse Chinas, ja, des Orients. Gehen die Erwartungen in Erfüllung?

Eines ist sicher: Peking bietet jede Menge Überraschungen, und dies bei jeder Wiederkehr von neuem. Wer hier zum ersten Mal chinesischen Boden betritt, erlebt jedoch zunächst einen Schock: Auf endlos gerader Autobahn fährt man vom Flughafen aus auf eine gesichtslose, die meiste Zeit des Jahres von einer atemberaubenden Abgasglocke halb verhüllte Hochhauskulisse

Klassische chinesische Baukunst in höchster Vollendung: die Halle des Erntegebets (»Himmelstempel«)

zu, passiert Serien haushoher Reklametafeln, als sei hier der Hort des Kapitalismus, und wird schließlich an einem protzigen Hotelportal abgesetzt, bei dem allenfalls etwas chinesische Dekoration – meist ein Paar Steinlöwen – verrät, dass man soeben nicht in Kanada oder Australien, sondern in China gelandet ist.

Nur wenn die Herberge weiter Richtung Altstadt liegt, scheint ein wenig von dem auf, was man erwarten würde: Da ächzen Gelenkbusse unter ihrer Menschenlast; graue Häuschen mit chinesisch geschwungenem Dach werden sichtbar, und in einer Grünanlage am Straßenrand warten Freiluftfriseure auf Kundschaft.

Erst nach und nach erkennt man, dass das heutige Peking im Grunde aus drei Städten besteht, die sich zwar vermischen, es dabei aber fertig bringen, einander fast völlig zu ignorieren. Da ist zum einen das Peking der Kaiserzeit, die eigentliche Attraktion. Hierzu gehören der Kaiserpalast, die kaiserlichen Altäre, einige erhaltene Tempel und – im steten Schwinden begriffen – alte

Wohnviertel, die aus den für Peking so typischen, eingeschossigen Hofhäusern bestehen. Auch die Anlage der inneren Stadtteile mit ihren langen und geraden, doch ursprünglich nicht sehr breiten Straßen und dem Gewirr schmaler Gässchen ist weitgehend aus alter Zeit erhalten geblieben. Das zweite Peking ist das sozialistische der Fünfziger- bis Siebzigerjahre des 20. Jhs. Es zeigt sich in monumentalen, doch nicht besonders hohen Bauten in einem sinostalinistischen Stil, in unansehnlichen Plattenbauten und in jenem endlos langen und breiten Ost-West-Boulevard, der die ganze Stadt durchschneidet, in der Mitte markiert vom Platz am Tor des Himmelsfriedens, dem Zentrum des sozialistischen China. Das dritte Peking, wieder völlig anders, ist das von heute, ein aggressiv wucherndes Gebilde aus spiegelnden Hochhäusern, knalligen Ladenfronten und Autobahnen, das sich – man sah es am Hoteleingang – hier und da ein wenig mit Imitaten klassisch-geschwungener Dächer oder anderem nostalgischem Firlefanz herausputzt, um seine Beliebigkeit und Hässlichkeit ein wenig zu bemänteln und eine kulturelle Kontinuität vorzuspiegeln, die nur noch Legende ist.

Auch das Leben in den Straßen, auf den Märkten, in Büros, Schulen und Fabriken spiegelt diese Dreiteilung wider, hier freilich in tausenderlei Mischungsverhältnissen. Morgens im Park treffen sich die Frühaufsteher zum Schattenboxen, während andere nach Diskomusik aus dem Kassettenrekorder Gymnastik machen. Vor den heruntergekommenen, doch noch immer heimeligen Altstadthäusern hocken alte Männer unter Schatten spendendem Blätterdach auf winzigen Stühlchen, tief über eine Partie chinesisches Schach gebeugt. Unterdessen wächst nebenan ein neuer Konsumtempel oder ein weiteres Luxushotel in die Höhe. Nirgendwo in Europa wird derzeit so bombastisch ge-

Steinerner Raddampfer am Kunming-See im Sommerpalast Yihe Yuan

INHALT

baut wie hier – und mit dem Vorhandenen so konsequent *tabula rasa* gemacht. An manchen Straßen ist an jede Hauswand ein weißes Zeichen gemalt: »Abriss – Abriss – Abriss – Abriss« liest man beim Vorüberfahren.

Noch nicht verschwunden ist dabei der sozialistische Schlendrian. Zwar hat die private Konkurrenz inzwischen auch manche Staatsrestaurants zu freundlicherem Service genötigt, doch wer einmal den Arbeitsalltag in einer Behörde miterleben musste, wo sich das Personal mit Stubefegen, Teekochen oder auch am Telefon die Zeit vertrieb, während der jeweils zuständige Mitarbeiter immer gerade in einer Sitzung oder auf Dienstreise ist, wird das Schimpfwort »Bürokratie« daheim in Zukunft sparsamer verwenden.

In der Gemächlichkeit des Tempos reicht das sozialistische Erbe jener alten Lebensweise die Hand, wie sie sich noch in den Hofhausvierteln studieren lässt: Dort zwitschert ein Käfigvogel, hier blühen liebevoll gezogene Chrysanthemen, ein stolzer Opa wiegt den Enkel auf den Knien, Volksschüler hocken beim Kartenspiel zusammen, und ab und an erinnert eine vom nahen öffentlichen Klo herüberwehende Duftwolke an die weniger romantischen Seiten des Gassenidylls. Jeder schafft sich, so gut es geht, seine privaten Refugien. Doch schon gibt die moderne Zeit den Ton an. Gewisse amerikanische Hamburgerbratereien haben sich bis in entlegene Stadtteile verbreitet, Kaderkinder und Jungunternehmer strömen in Diskotheken und Karaoke-Bars. Die neueste Masche junger Aufsteiger: beim Rikschafahren telefonieren.

Was nun die Erwartungen an das alte Peking, an klassische chinesische Kultur und Zivilisation angeht, so ist man in der Tat an der richtigen Stelle. Der Kaiserpalast mit seinem würdevollen Rhythmus aus geschwungenen gelben Dächern, roten Säulen und weißen Höfen ist ein architektonisches Meisterwerk von großer Schönheit. Seine Kunstsammlungen präsentieren das kulturelle Erbe aus drei Jahrtausenden. Die kaiserlichen Altäre, soweit noch vorhanden, künden von einem zentralen Anliegen der alten chinesischen Zivilisation – dem Wunsch nach Einordnung des Menschen in den Kosmos, dessen harmonische Kreisläufe zwischen männlich-aufstrebendem *yang* und weiblich-niedersinkendem *yin* als Vorbild für die Ordnung der Gesellschaft und für das menschliche Leben überhaupt empfunden wurden. Das gleiche Harmoniedenken liegt der klassischen Gartenkunst zu Grunde, wie sie etwa im Sommerpalast Yihe Yuan zu sehen ist. In den buddhistischen Tempeln, obzwar großenteils nicht mehr in Betrieb, manifestiert sich der Glaube an die Möglichkeit individueller Erlösung, ein Glaube, der zwar nicht chinesischen Ursprungs ist, doch chinesisches Denken über anderthalb Jahrtausende prägte und Wesentliches für die Entfaltung chinesischer Kunst und Kultur leistete.

So typisch chinesisch die klassischen Bauten Pekings mit ihren Kunstschätzen erscheinen, so erstaunlich ist es, dass sie sich gerade hier finden. Denn Peking verdankt seine Hauptstadtfunktion den als Barbaren verschmähten, kriegerischen Fremdvölkern aus der Steppe. Gewiss existierte der Ort als chinesische Gründung unter anderem Namen schon zur Zhou-Zeit (11. Jh.–221 v. Chr.) und war Sitz des Herzogs von Yan. Bis zum 10. Jh. aber war er bloß eine Garnisonsstadt an der Nordgrenze des Reiches kurz vorm Grasland der Nomaden, nebenbei freilich auch ein Handelsposten und Endstation von Kamelkarawanen. Erst unter den Kitan, die als Liao-Dynastie von 947 bis 1125 Teile des Nordens beherrschten, fiel monarchischer Glanz auf den staubigen Grenzort, der sich auf einmal zur »Südlichen Hauptstadt« erkoren sah, ohne dass freilich die Liao-Herrscher hier residiert hätten. Doch damit begann der Aufstieg. Die Liao wichen den Dschurdschen (Jin-Dynastie, 1126–1234), deren König Hailing im Jahr 1151 den Ausbau der Stadt zur Residenz befahl. Die neue »Mittlere Hauptstadt« war nun auf einmal Zentrum eines Reiches, das fast ganz Nordchina sowie die Mongolei und Mandschurei umfasste.

Die Herrlichkeit währte jedoch nicht lang. 1215 überrannte ein erstarktes Reitervolk aus der nördlichen Steppe das Jin-Reich und verwüstete die Stadt: die Mongolen unter Dschingis Khan. Fünfzig Jahre darauf, als seine Erben sich mehr und mehr der zivilen Sicherung der Eroberungen zuzuwenden hatten und eine Hauptstadt benötigten, von der aus sich China ebenso gut wie ihre Stammlande im Norden kontrollieren ließ, kam der alte Grenzort dank seiner nun auf einmal zentralen Lage zu neuen Ehren. Und zu was für welchen! 1267 wurde ein Chinese beauftragt, eine Residenz von Weltgeltung zu entwerfen, passend zu den Ambitionen der neuen Herrscher. 50 Quadratkilometer umfasste die neue »Große Hauptstadt« *(Dadu),* geschützt von einer 29 Kilometer langen, nach chinesischem Vorbild streng rechtwinklig nach den Himmelsrichtungen orientierten, zwölftorigen Stadtmauer, durchzogen von schnurgeraden Boulevards. 1275 schon, vier Jahre, nachdem sich die Mongolen einen chinesischen Dynastienamen (Yuan) zugelegt hatten und ein Jahr nach der Fertigstellung der Metropole, schritt Marco Polo durch ihre Straßen und verbreitete den Ruhm von Khanbalik (»Stadt des Khan«) bald bis Europa. Außer der Pagode des Baita Si blieb jedoch kaum etwas aus jener Zeit erhalten.

Kein Jahrhundert später war die Mongolenherrschaft vorbei und eine neue, chinesische Dynastie (Ming, 1368–1644) in Nanking gegründet. Damit schien Pekings alt-neue Rolle vorgezeichnet: wieder bloße Garnisonstadt, wieder Provinz zu sein. Ein jüngerer Sohn des ersten Ming-Kaisers aber brachte nach dessen Tod den Thron an sich (Yongle-Ära, 1403–1424), und da er seine Machtbasis in Peking hatte, verlegte er die Hauptstadt erneut hierher. Die mutige Entscheidung rückte das politische Zentrum wiederum weit aus der geografischen Mitte und dem wirtschaftlichen Schwerpunkt Chinas heraus. Nur ein Grund sprach für die Verlagerung, und der war für den neuen

Herrscher offenbar entscheidend: Von hier aus hatte er die empfindliche Nordgrenze und die dort stationierten Truppen am besten unter Kontrolle. Der neue Name der Residenz lautete *Beijing,* »Nördliche Hauptstadt«.

Ab 1406 entstand nun, etwa zeitgleich mit der jüngsten der großen Grenzmauern, jenes Peking, dessen imposante Reste Sie heute noch besichtigen können. Die Anlage der Stadt erreichte eine unübertroffene Harmonie. Die Mitte bildete das Mauergeviert des Kaiserpalastes. Es lag inmitten eines zweiten Mauerrechtecks, der Kaiserstadt, die ihrerseits von der rechtwinkligen Stadtmauer als äußerem Schutzwall umgeben war. Außen vor den neun Toren lagen in den vier Himmelsrichtungen die Altäre, auf denen der Kaiser mit Opfern für Himmel und Erde, Sonne und Mond Menschheit und Kosmos versöhnte und im Frühjahr mit rituellem Pflügen die Ackerbausaison eröffnete. Für das gewerbliche Leben, das ja eigenen Gesetzen folgt, war in der Stadt nicht der rechte Ort. Es vollzog sich – ganz anders, als man es aus Europa kennt – draußen in den Vorstädten. Deren größte war die Südstadt. Sie wurde 1553 ebenfalls befestigt.

Wer von der Mauer aus über die Stadt blickte, sah auf ein Meer grau gedeckter, meist ein- und selten zweigeschossiger Wohnhäuser, die nur von den gelb glasierten Dächern des Palastes sowie einigen Tempelbauten, Pa-

Die chinesischen Akrobaten gehören zu den besten der Welt

goden und Bäumen überragt wurden. So blieb es fast unverändert bis um 1950, denn auch die Mandschus, die China 1644 eroberten (Qing-Dynastie, 1644 bis 1911), ließen die Stadt im Wesentlichen, wie sie war, fügten jedoch Bauten in ihrem eigenen, zunehmend eklektizistischen Stil hinzu: so den Lamatempel Yonghe Gong und die Sommerpaläste Yuanming Yuan und Yihe Yuan nördlich der Stadt.

Noch dreimal fielen Ausländer über Peking her: 1860 die Engländer und Franzosen, 1900 bei der Niederschlagung des Boxeraufstands eine alliierte Armee von acht Fremdmächten und 1937 die Japaner. Bauliche Spuren hinterließ jedoch fast nur das Jahr 1900, in dessen Folge für die Fremdmächte östlich vom heutigen Tian'anmen-Platz ein eigenes Stadtviertel (Gesandtschaftsviertel) entstand. Noch einmal rückte Peking an den Rand des Reiches: 1927 zog die republikanische Regierung nach Nanking um, und Peking wurde zu Peiping (*Beiping*, »Nördlicher Friede«) umbenannt. Doch 1949, mit der »Befreiung«, gaben die siegreichen Kommunisten Peking den alten Namen und seine Hauptstadtfunktion zurück.

Während sie sich aber gern im Ruhm der Stadt sonnten, gingen sie mit dem jahrhundertealten Erbe wenig pfleglich um. Gewiss war die Stadt nach dem Niedergang des Mandschureiches, nach Bürgerkriegen und japanischer Besatzung in einem miserablen Zustand. Bei der Frage aber, ob man das Alte als Hinterlassenschaft der arbeitenden Massen von einst pflegen oder als feudalistischen Klotz am Bein beim Marsch in eine glückliche Zukunft beseitigen solle, mochte man sich nie richtig entscheiden. Im Ergebnis blieben nur die wichtigsten kaiserlichen Bauten bestehen, und das meiste andere wurde vernachlässigt, abgerissen oder umgebaut. Falsch verstandene Fortschrittsideale machten aus dem Gesamtkunstwerk der alten Residenzstadt zunächst einen qualmenden Industriestandort – Peking sollte eine Hauptstadt der Arbeiterklasse werden –, und nun steht eine Metropole des 21. Jhs. auf dem Programm. Während teils in bedrohlicher Nähe zu den Baudenkmälern der Kaiserzeit bombastische Neubauten in den Himmel wachsen, während anstelle der historischen Hauptstraßen, die die Altstadt durchziehen, drei-, viermal so breite Schneisen für den Straßenverkehr von heute durch die Bebauung geschlagen werden, enthüllt der städtebauliche Entwurf für das Peking der Zukunft doch auch manche angenehmere Details: Der öffentliche Nahverkehr wird effizienter und bequemer, über eine Autobahn sind die Ming-Gräber und die Große Mauer heute so rasch zu erreichen wie nie zuvor. Gerade im Hinblick auf das fünfzigjährige Staatsjubiläum im Oktober 1999 hat die Stadtverwaltung zudem viel für die Verschönerung und für die Pflege des Alten getan: Wo einst staubiger, nackter Boden war, erstreckt sich nun grüner Rasen, blühende Büsche und Blumenbeete säumen die Hauptstraßen, die Gewässer – von den nördlichen Seen bis zum Palastgraben – wurden entschlammt und von Bewuchs befreit, und rings um die Seen erfreuen neu angelegte Flanierwege Besucher und Einheimische gleichermaßen. Die Abrisspolitik freilich wird unverändert fortgeführt und am Ende nur noch ein Stück Altstadt rund um die nördlichen Seen übrig lassen, dann freilich als Wohngebiet der Funktionäre und Superreichen – was es zur Kaiserzeit schon einmal war. Gewiss sollte man das Alte nicht idyllisieren. Die Hofhäuser, die winters nur notdürftig mit rußigen Kohleöfchen beheizt werden und weder Bad noch Toilette besitzen, sind für die meisten Bewohner weniger attraktiv als eine Hochhauswohnung. Dennoch: Auch viele Pekinger beklagen den unwiederbringlichen Identitätsverlust, den diese Stadt erleidet. Man muss als Besucher schon dankbar sein, dass wenigstens die nähere Umgebung des Kaiserpalastes von Hochhäusern verschont blieb.

Autoscooter im Tiantan-Park

Genug der Klage. Denn noch immer ist Peking – mit acht Millionen Einwohnern (ohne Landbezirke) zweitgrößte Stadt des Landes – die chinesische Stadt mit den meisten und größten Sehenswürdigkeiten. Das China der Ming-Zeit, das Reich der Mandschu, die Zukunftshoffnungen des sozialistischen China, das neue nationale Selbstbewusstsein dieser kommenden Weltmacht und ihre boomende Wirtschaftskraft – hier wird alles an einem Ort erlebbar. Ein ewiges China, so muss man jedoch erkennen, gibt es nicht, und wer richtig alte Altertümer sehen will, muss nach Xi'an oder Datong fahren. Schönheit aber und Weisheit, Machtgelüste und Launen, Alltag und Religion einer so fern erscheinenden, alten Kultur und ihrer Menschen zu erleben und nachzuvollziehen, dazu ist ein Besuch Pekings hervorragend geeignet, und für jeden Wiederkehrer gibt es einen Strauß neuer Überraschungen.

Was schauen wir an?

In Palästen, Parks und Tempeln spiegelt sich die Kultur eines Weltreichs

Kaiserpalast, Himmelsaltar und Große Mauer: das ist weniger als das Minimum, und doch bieten die meisten Pauschalreisen kaum mehr. Eine Woche Zeit sollten Sie Peking schon gönnen. Peking auf eigene Faust zu entdecken geht recht gut. Taxis sind billig. Für innerstädtische Touren ist ein Fahrrad ideal, denn nur wenige Ziele liegen in fußläufiger Entfernung voneinander. Manche Hotels vermieten selbst Räder, oder die Rezeption weiß, wo man eins bekommt. Zu Zielen außerhalb der Stadt können Sie in den meisten Hotels organisierte Ausflüge in klimatisierten Reisebussen buchen. Sehr viel flexibler sind Sie freilich unterwegs, wenn Sie sich ein Taxi zum Tagesfestpreis mieten.

Die Eintrittskarten zu den Sehenswürdigkeiten werden meist nicht am Eingang, sondern an einem oft unscheinbaren Schalter irgendwo daneben verkauft. Die meisten Eintrittspreise liegen bei 5 bis 10 Yuan. Im Folgenden werden nur Preise von über 10 Yuan angegeben. Auch Parks kosten Eintritt, wenn auch nur ein paar Pfennig.

Wie überall in China ist das Fotografieren in Innenräumen streng verboten, und gewöhnlich sind auch Aufpasser zugegen, die die Einhaltung dieser Regel überwachen.

BAUTEN UND MONUMENTE

Altes Observatorium (117/D 3)

Ein bedeutendes Zeugnis für den frühen kulturellen Austausch zwischen China und Europa: Auf der mächtigen Plattform, neben der einst die gleich hohe Stadtmauer verlief, sind astronomische Instrumente zu sehen, die der belgische Jesuitenmissionar Ferdinand Verbiest konstruierte und die 1674 in kaiserlichem Auftrag gegossen wurden. *Gu Guanxiangtai, tgl. 9–11.30, 13–16 Uhr, Jianguomennei, U-Bahn Jianguomen*

Große Halle des Volkes (116/A3)

Der 1959 fertig gestellte Monumentalbau auf der Westseite des Tian'anmen-Platzes ist Sitz des

Drache als Dachreiter im Tempel Baiyun Guan

Die Große Mauer bei Badaling

Nationalen Volkskongresses, also des chinesischen Parlaments, das freilich nur einmal im Jahr zusammentritt. Außerdem wird der Bau für Staatsbankette und andere staatliche Großveranstaltungen genutzt. Die meiste Zeit aber steht er zur Besichtigung offen. Der Rundgang gibt Einblick in mehrere prunkvoll ausgestattete Provinzsäle, führt durch den Hauptversammlungssaal mit seinen 9700 Plätzen – der Volkskongress belegt davon nur rund 30 Prozent –, das zentrale Treppenhaus (mit riesigem Landschaftsgemälde und einer Kalligraphie von Mao Zedong) sowie den Bankettsaal (mit Imbiss). Sie dürfen überall fotografieren. Der Weg zurück zum Ausgang geht durch ein unterirdisches Kaufhaus, in dem Sie ein neues Sammelgebiet entdecken können:

Politkitsch. *Mo–Fr 8.30–15, Sa, So 9–13 Uhr, Eintritt 15 Yuan (zahlbar am Pavillon an der Ecke zur Nebenstraße, dort auch Taschenaufbewahrung)*

Große Mauer

★ Da Peking einst an Chinas Nordgrenze lag, ist das berühmteste Bauwerk des Landes im Rahmen eines Halbtagsausflugs zu erreichen. Gestampfte Lehmmauern und Wälle zur Grenzsicherung wurden in China schon vor 2500 Jahren angelegt. Die heutige Mauer wurde im Wesentlichen ab 1368 bis ins 15. Jh. hinein errichtet, um die junge Ming-Dynastie vor den zuvor aus China vertriebenen Mongolen zu schützen. Sie ist mit 7,30 m Höhe und 5,50 m breiter Krone größer als ihre Vorgängerinnen und zudem solider gebaut: Die

14

aus Backstein oder Naturstein gemauerten Wände sind 1,5 m dick, das Innere wurde mit Schotter verfüllt. An exponierten Punkten stehen Wachtürme. Als größtes vormodernes Bauprojekt zieht sich der Grenzwall – zum Teil doppelt und dreifach gestaffelt – über mehr als 6000 km hin.

Bis heute rankt sich um das spektakuläre Bauwerk manche Legende. Den Anstrich der Wissenschaftlichkeit hat die gern kolportierte Behauptung, die Mauer sei als einziges menschliches Bauwerk mit bloßem Auge vom Mond aus zu erkennen. Das entspräche freilich der Kunst, eine Linie von einem Millimeter

Breite aus 40 km Entfernung auszumachen. Vom Flugzeug aus sieht man die Mauer meist nur beim Landeanflug.

Mehrere Abschnitte in der Nähe von Peking wurden restauriert. Beim 660 m hoch gelegenen ✤ Pass *Badaling* (mit Mauermuseum und Panoramakino) drängen sich die Besucher (**U/B 3**, *60 km nordwestlich der Stadt, Eintritt 20 Yuan, Ausflugsbusse: 1 ab Qianmen, 2 ab Hauptbahnhof, 4 ab Zoo, Züge ab Nordbahnhof).* 10 km vor Badaling kommt man durch die frisch restaurierte Festung *Juyongguan*. Weniger Trubel als in Badaling herrscht am landschaftlich beeindruckenderen Abschnitt bei ★ ✤ *Mutianyu* (**U/D 3**, *70 km*

MARCO POLO TIPPS FÜR BESICHTIGUNGEN

1 Baiyun Guan
Pekings großer daoistischer Tempel ist eine Rarität (Seite 29)

2 Himmelsaltar
Die größte kaiserliche Opferstätte huldigt den himmlischen Harmonien (Seite 19)

3 Große Mauer
Chinas berühmtestes Bauwerk. Fahren Sie nach Mutianyu (Seite 14)

4 Shichahai-Gegend
In den Wohngegenden rund um die hinteren Seen gelangt man zurück ins alte Peking (Seite 37)

5 Kaiserpalast Gugong
Das größte Ensemble klassischer chinesischer Baukunst (Seite 21)

6 Konfuziustempel
Im Tempel für den großen Weisen opferten die Kaiser persönlich (Seite 31)

7 Lamatempel Yonghe Gong
Im prunkvollsten Buddhatempel der Stadt wurde an nichts gespart (Seite 33)

8 Tian'anmen-Platz
Das symbolbehaftete Zentrum des sozialistischen China (Seite 38)

9 Xiangshan
Auf den »Duftberg« fährt ein Sessellift, an seinem Rand liegen schöne Tempelklöster (Seite 28)

10 Yihe Yuan
Klassische chinesische Gartenkunst im Sommerpalast der Kaiserin Cixi (Seite 25)

nordöstlich der Stadt, Eintritt 20 Yuan, Bus 916 ab Dongzhimen). Wer es noch ruhiger und urtümlicher möchte, fährt 120 km nach Nordosten zu dem besonders steilen, größtenteils unrestaurierten 🔽 Mauerstück beim Dorf Simatai (**U/F 2**). Hier kann man auch übernachten. *(Eintritt 20 Yuan, Ausflugsbus 12 morgens 6–8 Uhr ab Xuanwumen)*

An allen drei Mauerstücken bieten Seilbahnen bequemen Transport zu den hoch gelegenen tollen 🔽 Aussichtspunkten. In den meisten Hotels sind organisierte Ausflüge zu allen drei Zielen buchbar.

Kaiserliche Akademie (112/C3)

An Pekings einziger Straße, über die sich noch Schmucktore spannen, liegt neben dem Konfuziustempel diese höchste Staatsschule des Kaiserreichs. Das Zentrum der schönen, ruhigen Anlage ist als Abbild der Welt gestaltet: Ein Wasserbecken, das das Weltmeer verkörpert und kreisrund wie der Himmel ist, umschließt eine quadratische Terrasse – die Erde. Darauf erhebt sich eine quadratische Halle, in der der Kaiser den Beamten die konfuzianischen Klassiker erläuterte. Sie wurde 1784 vollendet. In den übrigen Gebäuden ist heute die Stadtbibliothek untergebracht. *Guozijian, Di–So 9–16.30 Uhr, Guozijian Jie, U-Bahn Yonghe Gong*

Marco-Polo-Brücke (U/C 5)

»Keine Brücke der Welt kann sich mit dieser vergleichen. Sie misst ganze 300 Schritt in der Länge und acht Schritt in der Breite«, schrieb Marco Polo, wie üblich ganz hingerissen von Chinas Wundern. Der schöne Mar-

morbau von heute mit seinen 485 steinernen Löwen hat zwar wohl nur noch wenige Steine mit dem Originalbau vom Ende des 12. Jhs. gemein, doch die Maßangaben stimmen noch.

Berühmt ist die Brücke noch aus einem zweiten Grund: Am 7. Juli 1937 nahmen die Japaner hier eine selbst inszenierte Schießerei zum Vorwand für die Besetzung Chinas. In Ostasien bildete dieser »Zwischenfall an der Marco-Polo-Brücke« den Auftakt zum Zweiten Weltkrieg. Interessant ist auch die alte, ummauerte Ortschaft am Norden der Brücke. Kombinieren Sie den Besuch mit dem Pekingmensch-Museum in Zhoukoudian. *Lugou Qiao, 15 km südwestlich der Stadt*

Stadttore und Reste der Stadtbefestigung

Noch in den Fünfzigerjahren des 20. Jhs. lag Peking hinter einer mächtigen, 23,5 km langen Mauer verborgen – nicht gerechnet die etwas bescheidenere Ummauerung der Südstadt. Die Mauer der Inneren Stadt – am Sockel bis 20, oben 12 m breit und 15 m hoch – hatte mitsamt ihren neun Toren seit der frühen Ming-Zeit nahezu unverändert etwa 530 Jahre überdauert. Dann allerdings fiel sie 1965 der beginnenden Kulturrevolution zum Opfer. An ihrer Stelle verläuft heute die Zweite Ringstraße, so dass der Verlauf der Mauer auf dem Stadtplan noch deutlich zu erkennen ist. Nur so viel ist davon erhalten, dass man die Größe des Verlustes noch ermessen kann. Der imposanteste Rest ist die frühere Südostecke mit ihrem gewaltigen Turmaufbau *(Ostende der Chongwenmendong Dajie,* **117/D3**)*.* Neben einem restaurierten, direkt anschließenden Mauerstück mit einer Durchfahrt für die alte Eisenbahnlinie blieb am Westende der Chongwenmendong Dajie noch ein halb verfallenes Mauerstück erhalten (**116/C3**).

Das *Vordere Tor* (Qianmen) als größtes Stadttor des alten Peking liegt auf der Nord-Süd-Achse der Stadt. Es bildete den zentralen und wichtigsten von drei Durchgängen in jenem Teil der Stadtmauer, der die nördliche Innere Stadt von der südlichen Vorstadt mit dem Hauptgeschäftsviertel trennte. Die erhaltenen Torbauten, heute zwei separate Gebäude, waren einst durch zwei bogenförmige Mauern miteinander verbunden und bildeten eine nach Süden vorspringende Bastion mit einem großen Hof in der Mitte. Der Durchgang im Südturm, an dem noch der offizielle Torname »Zhengyang Men« steht, war dem Kaiser vorbehalten; das einfache Volk benutzte zwei weitere Durchgänge in den 1916 abgerissenen Verbindungsmauern. Aller Verkehr musste sich jedoch durch den einzigen Durchgang unter dem 42 m hohen nördlichen Torturm zwängen. Die Aufbauten dienten als Geschütz- und Wachtürme sowie als Kasernen. Die eigentliche Mauer schloss an den nördlichen Turm an. *U-Bahn Qianmen* (**116/A–B3**)

Von der Stadtbefestigung existieren ferner noch der Geschützturm des Deshengmen (**111/F3**) – er enthält heute eine Münzausstellung –, der nördliche Stadtgraben (**111/E3–113/D3**) sowie der gesamte Stadtgraben der einstigen Äußeren Stadt (Südstadt) (**114/C3–117/D3**).

Tian'anmen, Tor des Himmelsfriedens (116/A2–3)

Bei Pekings berühmtestem Tor handelt es sich um das Südtor der einstigen »Kaiserstadt«, deren annähernd rechteckige Ummauerung den Kaiserpalast in der Mitte als zusätzlichen Schutzwall umgab. Bis auf die Teilstücke, die zu beiden Seiten an das Tian'anmen anschließen, wurde die Kaiserstadtmauer schon in den Zwanziger- und Dreißigerjahren des 20. Jhs. abgerissen. An die drei anderen Tore – die des Irdischen, des Westlichen und des Östlichen Friedens – erinnern seither nur noch Straßennamen. Das Tian'anmen dagegen stieg zum Wahrzeichen des neuen China auf, nachdem am 1. Oktober 1949 von hier aus die Gründung der Volksrepublik China proklamiert worden war. Auch im Staatswappen ist es enthalten. Das Bauwerk mit seinen fünf Durchgängen stammt aus dem Jahr 1417. Es wurde nur zu besonderen Anlässen geöffnet. Von oben wurden kaiserliche Erlasse in einem goldenen Phönix herabgelassen und unten von knienden Beamten entgegengenommen. *Tgl. 8.30–16.30 Uhr, Eintritt 15 Yuan, im Norden des Tian'anmen-Platzes*

Trommel- und Glockenturm (112/B4)

❧ Die mächtigen Bauten aus dem Jahr 1420 markieren das Nordende von Pekings großer Nord-Süd-Achse. Beide sind zu besteigen, wenn auch über halsbrecherische, finstere Treppen. Die gewaltigen Instrumente, die die Tages- und Nacht-zeiten verkündeten, sind noch zu sehen. Im südlichen Trommel-turm stand einst auch eine große Wasseruhr, die der Hauptstadt das von Glocke und Trommel verkündete Zeitnormal lieferte. Von oben hat man eine gute Aus-sicht auf die noch hochhausfreie Umgebung. *Gulou, Zhonglou, tgl. 9–16.30 Uhr, am Nordende der Di'anmenwai Dajie*

KAISERLICHE ALTÄRE

Durch jährliche Opfer für stete Harmonie zwischen Mensch und Kosmos zu sorgen, gehörte zu den rituellen Aufgaben des Kaisers. Zu diesem Zweck wur-den in und um Peking im 15./16. Jh. sechs Altäre angelegt: der Erdaltar im Norden, der Him-melsaltar im Süden östlich der Mitte, der Ackerbaualtar eben-falls im Süden, doch westlich der Mitte, der Sonnenaltar im Osten und der Mondaltar im Westen. Diese fünf Altäre lagen im Freien außerhalb der Stadt. Hinzu kam der Erntealtar südlich des Palas-tes. Am Mond- und Sonnenaltar ist heute nicht mehr viel zu se-hen, und vom Ackerbaualtar sind nur die Haupthallen zugänglich (Architekturmuseum). Die an-deren drei Altäre sind jedoch nach wie vor als Opferstätten er-kennbar.

Erdaltar Ditan   (112/C 2)
Das Pendant zum Himmelsaltar: Er liegt nicht südlich, sondern nördlich der Stadt, ist nicht nach Süden, sondern nach Norden ausgerichtet, die Terrasse ist nicht rund, sondern quadratisch (entsprechend der Vorstellung von einer quadratischen Erd-scheibe), die Glasuren sind leh-mig-gelb statt himmlisch-blau, und die Zahl der Stufen wie auch der Steinplatten an den Seiten ist gerade (*yin* wie die Erde) und nicht ungerade *(yang)*. Hier brachte der Kaiser zur Sommer-sonnenwende, wenn das *yin* am schwächsten ist, ein großes Spei-se- und Trankopfer dar. Gehen Sie vom Südeingang aus um den Altar herum, und durchschreiten Sie die Anlage von Norden her. In der Halle auf der Südseite sind die Bildnisse und Seelentafeln der Kaiser zu sehen, die bei dem Opfer mit bedacht wurden.

Das weitläufige Parkgelände ist mit knorrigen Lebensbaum-zypressen bestanden. Im Mor-gengrauen kommen ☯ die An-wohner zur Frühgymnastik. Kombinieren Sie den Besuch mit dem Lamatempel, dem Kon-fuziustempel und der Kaiserli-chen Akademie Guozijian, die alle in fußläufiger Entfernung liegen. *Tgl. 8–16.30 Uhr, im Som-mer bis 18 Uhr, Ditan-Park, U-Bahn Yonghe Gong*

Erntealtar Shejitan   (116/A 2–3)
An dem 1421 gegründeten Ern-tealtar Shejitan opferte der Kai-ser zweimal jährlich. Die quadra-tische Terrasse ist mit Erde in den Farben der fünf Weltgegenden bzw. Himmelsrichtungen belegt und symbolisiert so das ganze Reich, für dessen Wohl der Kai-ser verantwortlich war: blauer Osten, roter Süden, weißer Wes-ten, schwarzer Norden und gelbe Mitte. In den nördlichen Hallen wurde das umfangreiche Zeremonialgerät verwahrt. *Im Sun-Yatsen-Park (Zhongshan Gong-yuan), Eingang an der Nordwestecke des Tian'anmen-Platzes*

Himmelsaltar Tiantan (116/B–C 5–6)

★ Der bedeutendste aller kaiserlichen Altäre – meist wenig korrekt Himmelstempel genannt – zeigt klassische chinesische Baukunst in höchster Vollendung. Die Anlage entstand, als sich der dritte Ming-Kaiser um 1420 Peking als neue Hauptstadt herrichtete. Sie war wie die anderen kaiserlichen Altäre bis 1913 nur den Mitwirkenden der Zeremonien zugänglich.

Die Hauptgebäude auf ihren weißen Marmorterrassen stehen inmitten eines weitläufigen bewaldeten Geländes entlang einer Nord-Süd-Achse. Im Süden beginnt die Folge mit der kreisförmigen, dreistufigen *Altarterrasse.* Der Kreis symbolisiert das Himmelsrund, die Dreizahl das *yang* und damit ebenfalls den Himmel. Entsprechend ist auch der zentrale Stein der obersten Plattform von drei mal drei Steinplatten umgeben, und so geht es weiter über den neunten Kreis, der von neun mal neun, also 81 Platten gebildet wird, bis zum äußersten Kreis der untersten Ebene mit seinen 3 mal 3 mal 3 mal 3 = 243 Platten. Auf der Terrasse brachte der Kaiser, selbst »Himmelssohn«, dem Himmel ein Tieropfer dar in Stellvertretung für das ganze Reich. Dies geschah nachts zur Wintersonnenwende, zu dem Zeitpunkt also, da das »größte Yang«, die Sonne, am schwächsten ist und gewissermaßen der Förderung durch ein Opfer am ehesten bedarf. Der Ritus schloss außer dem Himmel selbst auch die Sterne, das Wetter und die Amtsvorgänger ein. Die zugehörigen »Geistertafeln« sind im nördlich anschließenden *Kaiserlichen Himmelsgewölbe* und seinen zwei Nebenhallen zu sehen. Dieser runde Bau mit blauem Dach steht inmitten der so genannten Echomauer. Ein gegen die Mauer gesprochenes Wort ist auf der gegenüberliegenden Seite deutlich zu hören. Die drei Echosteine in der Mitte bieten eine weitere akustische Spielerei: Wer auf dem südlichen Stein in die Hände klatscht, hört ein einfaches, auf dem mittleren Stein ein doppeltes und auf dem nördlichen ein dreifaches Echo. Beim üblichen Besuchergedränge gehen diese akustischen Phänomene allerdings unter.

Ein terrassenartig erhöhter Marmorweg verbindet den südlichen Komplex mit der *Halle des Erntegebets* (Qiniandian) im Norden. Auf dreifach gestufter kreisrunder Terrasse erbaut, stellt sie mit ihrem dreifachen blauen Kegeldach einen Höhepunkt chinesischer Baukunst dar. Die Halle verkörpert den Kreislauf der Zeit: Das Dach ruht auf 28 Säulen. Die vier innersten stehen für die vier Jahreszeiten. Der innere Kranz aus zwölf Säulen symbolisiert die zwölf Monate, der äußere die zwölf Doppelstunden des Tages. Der Kaiser bat hier den Himmel zum Frühlingsbeginn (Anfang Februar) um eine gute Ernte und zum Sommerbeginn (Anfang Mai) um Regen.

In der östlichen Nebenhalle auf dem Vorplatz können Sie Repliken der bei der Zeremonie verwendeten Musikinstrumente betrachten, und ein großer Schaukasten mit Figuren zeigt die Aufstellung der Mitwirkenden. Auf dem Vorplatz selbst stehen Präsentationsgefäße für die Opfergaben.

Zu den Nebengebäuden gehören eine Opfertierschlachterei sowie eine Fastenhalle, die der Kaiser einen Tag vor dem Opferritus bezog, um sich fastend auf die Begegnung mit den himmlischen Mächten vorzubereiten. Diese mit einem Graben umgebene Anlage, ein großer, ungewöhnlicher Komplex aus zwei ineinander liegenden Höfen, ist südlich der von Westen kommenden alten Hauptzufahrt des Tempels noch zu sehen und ebenfalls zu besichtigen.

Die vollkommene Harmonie und erhabene Ruhe der Altaranlage ist heute leider kaum noch zu spüren. Hochhäuser ragen ins Blickfeld, und zusätzliche Tore und Zufahrtswege aus allen Himmelsrichtungen samt Busparkplätzen rauben dem heiligen Bezirk seine Ruhe und Geschlossenheit. Kommen Sie möglichst frühmorgens, ehe es voll wird. *Tgl. 8.30–17 Uhr, Eintritt 30 Yuan, Busse 2 und 54 ab U-Bahn Qianmen bis Westtor*

LANDSCHAFTEN

Zum heutigen Peking zählt so viel Umland, dass die Stadtgrenze in manchen Richtungen über 100 km entfernt liegt. 62 Prozent dieser Fläche – praktisch der ganze Norden und Westen – sind bis über 2000 m hohes Bergland. Hier liegen einige Landschaften, die man viel eher in Südchina vermuten würde.

Longqing-Schlucht (U/B 2)

Über einem langen, schmalen Stausee ragen steile Felswände und Gipfel auf. Vom Boot aus lassen sich die Formationen gut betrachten. Die Schlucht ist ein schönes Ausflugsziel an heißen Sommertagen, die meisten Besucher aber kommen im Januar bei klirrendem Frost, wenn aus Eis geformte Paläste und Laternen zu bestaunen sind. *Longqing Xia, Eintritt 80 Yuan, 80 km nordwestlich der Stadt, Bus 919 ab Deshengmen*

Shi Du (U/A 6)

»Zehn Übergänge« heißt die Gegend: Gemeint sind zehn Übergänge über den Fluss Juma He. Über eine Strecke von 15 km ragen steile Felsen auf. Sie erinnern ein wenig an die berühmte südchinesische Landschaft bei Guilin. Besonders schön ist es am zweiten und am zehnten Übergang: Dort kommt man sich fast vor wie in einer klassischen Pinselmalerei. Freilich muss es vorher kräftig geregnet haben, denn ist der Fluss nach der winterlichen Dürre gänzlich versiegt, so fehlt das I-Tüpfelchen. *90 km südwestlich der Stadt, Ausflugsbus 10 ab Fuchengmen*

MING-GRÄBER

(U/C 3) Die Grabtempel von dreizehn Ming-Kaisern *(Ming Shisan Ling)* wurden am Fuß einer Bergkette 44 km nördlich der Stadt in den Jahren 1409 bis 1644 angelegt. Auch Haupt- und Nebenfrauen wurden hier in den marmornen Grüften beigesetzt. Ihr Grundriss ähnelt der Form eines Schlüssellochs: Zum nördlich verlaufenden Höhenzug hin erhebt sich jeweils der kreisrunde, mit einer Mauer eingefasste, baumbestandene Grabhügel. Davor liegt das längliche Tempelareal, das etwas schmaler als der zugehörige Grabhügel und an den übrigen drei Seiten rechtwinklig ummauert ist. Wo die Mittelachse des Tempelareals auf den Hügel trifft, ragt ein gewaltiger steinerner Stelenpavillon auf, der die Grabinschrift des jeweiligen Kaisers birgt. Die Gräber Dingling und Changling sind für Besucher hergerichtet. Mit Imbissständen, Schießbuden und Andenkentrödlern gleicht besonders das *Dingling (Eintritt 25 Yuan)* heute einem Rummelplatz. Diese Ruhestätte des 1573 verstorbenen Wanli-Kai-

Die zentrale Kammer des Ming-Grabes Dingling

sers wurde als Einzige geöffnet. Die marmornen Grüfte sind sehr geräumig, doch ansonsten eher enttäuschend.

Alle Gräber verfügten einst über große Opferhallen. Meist sind nur noch die steinernen Sockel zu sehen. Einzig im *Changling (Eintritt 20 Yuan)*, dem größten und ältesten der Gräber, blieb die Halle erhalten. Sie ist ein eindrucksvoller Bau mit 32 Säulen aus kostbarem Nanmu-Holz und birgt eine Ausstellung von Grabbeigaben. Der hier bestat-

tete Kaiser Zhu Di (1360–1424) mit dem postumen Titel Chengzu wird nach dem Namen seiner Ära (1403–1424) gewöhnlich »Yongle-Kaiser« genannt. Er veranlasste den Ausbau Pekings zur Hauptstadt und war nächst seinem Vater, dem Dynastiegründer, die bedeutendste Herrschergestalt der Ming-Zeit.

Der berühmteste Teil der Nekropole ist wohl die Zuwegung, die »Geisterallee« *(Eintritt 12 Yuan)*. Dort erweisen 36 große Steinfiguren – Löwen, Elefanten, Fabeltiere, zivile und militärische Beamte – den verstorbenen Majestäten ihre Reverenz. *Alle tgl. 8–17 Uhr*

PALÄSTE

Kaiserpalast Gugong »Verbotene Stadt« (116/A–B 1–2)

★ Das bedeutendste erhaltene Ensemble klassischer chinesischer Architektur ist eine Stadt für sich. Unter den kaisergelb glasierten Dächern lebte der Himmelssohn als im Prinzip einziger geschlechtsreifer Mann mit tausenden von Eunuchen und Frauen – der Kaiserin, Konkubinen, Hofdamen und Zofen. Regelmäßigen Zugang zur »Purpurnen Verbotenen Stadt« – so ihr eigentlicher Name – erhielten ansonsten nur die hohen Beamten und enge kaiserliche Verwandte. Doch selbst die Bewohner konnten sich mit Ausnahme der höchsten Eunuchen im Palast nicht frei bewegen. Hohe Mauern grenzen die einzelnen Bezirke gegeneinander ab. Nach außen hin schützen eine mächtige Mauer und ein breiter Graben das 960 m lange und 750 m breite Areal. Es gibt nur vier Tore, eines in jeder Himmelsrichtung. Ein Teil der Gebäude dient heute als Museum.

Vom ältesten Palast an dieser Stelle, dem der Mongolenkaiser, ist nichts erhalten. Die heutige Anlage wurde im Wesentlichen in den Jahren 1406 bis 1420 geschaffen. Auch wenn viele Gebäude später erneuert wurden, wahrt die Verbotene Stadt ganz den würdigen Stil der Ming-Zeit. Von den MandschuKaisern als letzten Hausherren zeugen jedoch die zweisprachigen Aufschrifttafeln, die an den Dachtraufen auf blauem Grund vom programmatischen Sinn der Baulichkeiten künden.

Die größten und wichtigsten Hallen reihen sich entlang einer Achse, die sich nach Süden und Norden hin durch die Stadt fortsetzt. Zu beiden Seiten der Achse befanden sich in der Südhälfte des Palastareals vor allem Verwaltungs- und Serviceeinrichtungen (z.B. Küche, Druckerei und Bibliothek). In der Nordhälfte dagegen liegen die Wohnviertel. Die gesamte Südhälfte des Palastes war für Frauen tabu, umgekehrt erhielten palastfremde Männer nur selten Zutritt zum nördlichen – »inneren« – Palastteil der Frauen. Nachdem im Februar 1912 die Abdankung des Kindkaisers Puyi erzwungen worden war, wurden 1914 zunächst nur die nicht mehr benötigten Thronhallen zur Besichtigung freigegeben. Erst 1925, nach der endgültigen Vertreibung von Exkaiser und Hofstaat, erhielt die Öffentlichkeit erstmals auch zu den Wohnpalästen Zutritt, und die ganze Anlage wurde zum Museum erklärt.

Der kaiserliche Zeremonialweg führt vom Tian'anmen-Platz, also von Süden her, durch die Tore Tian'anmen und Duanmen geradewegs auf den mächtigen dreiflügligen Bau des *Mittagstores* (Wu Men) zu. Es ist das Haupttor des Palastes. Wie auch bei den anderen Toren der Nord-Süd-Achse war der mittlere Durchgang dem Kaiser vorbehalten. *(Am rechten Flügel Eintrittskartenverkauf für Ausländer)*

Der *Goldwasserbach,* ein geschwungener Wassergraben, der den folgenden Hof durchquert, korrespondiert im Sinne einer kosmischen Harmonie mit dem

Kaiserliches Symbol des sozialistischen China: das Tor Tian'anmen

Aussichtshügel *(Kohlehügel)* nördlich des Palastes. Durch das folgende *Tor der höchsten Harmonie* gelangt man auf den größten Hof und ins bauliche Zentrum der Anlage. Auf einer mächtigen dreistufigen Terrasse erheben sich hier die drei Thronhallen, die für die wichtigsten Staatsgeschäfte genutzt wurden. Es sind – von Süden – die *Halle der höchsten Harmonie* (Taihe Dian), die quadratische *Halle der Harmonie der Mitte* (Zhonghe Dian) und die *Halle der Bewahrung der Harmonie* (Baohe Dian). Ihre Namen beschwören den Gleichklang von Herrscher und Untertan, von Mensch und Kosmos. Das Innere der drei Gebäude ist überreich mit Drachen, dem Symboltier des Kaisers, ausgeschmückt. Auch außerhalb der Hallen ist Symbolik allgegenwärtig: Die achtzehn Weihrauchgefäße an der von Süden heraufführenden Treppe verkörpern die Provinzen des Landes; die Sonnenuhr im Südosten und das Hohlmaß für Korn im Südwesten der Terrasse stehen für die »Maß-gebende« Gewalt des Kaisers; Kranich und Schildkröte bedeuten langes Leben. Von praktischer Funktion waren dagegen die großen runden Kessel, die sich auch an vielen anderen Stellen im Palast finden: Sie dienten als Löschwasserbehälter. Winters wurde ihr Steinsockel befeuert, um das Wasser am Gefrieren zu hindern.

Die Halle der höchsten Harmonie ist das größte Gebäude im Palast und gilt als größter klassischer Hallenbau des ganzen Landes. Sie wurde zu besonderen Anlässen genutzt: so zum Geburtstag des Kaisers, bei Thronbesteigungen, und um die glück-lichen Namen derer zu verkünden, die die höchste Beamtenprüfung erfolgreich absolviert und damit alles erreicht hatten, wovon ein konfuzianischer Gelehrter nur träumen konnte. Zu solch ruhmreichen Gelegenheiten versammelten sich im Hof die Würdenträger, und eine zweihundertköpfige Ehrengarde stand mit Prunkfächern und anderem festlichen Gerät Spalier.

Der gewöhnliche Arbeitstag gestaltete sich für den Himmelssohn weniger märchenhaft. Er begann in aller Herrgottsfrühe mit der ersten Audienz – im Winter noch vor Sonnenaufgang. Kohlebecken verbreiteten dann spärliche Wärme. Kaiser zu sein war harte Arbeit: Das Hofprotokoll erforderte strenge Disziplin.

Die zweite Halle mit ihrer umlaufenden Galerie und dem goldenen Knauf auf ihrem Zeltdach war von untergeordneter Funktion. Vor den großen Zeremonien nahm der Kaiser hier beispielsweise die Ehrenbezeugungen hoher Beamter entgegen. Bei der dritten Thronhalle standen praktische Funktionen im Vordergrund. Hier wurden etwa Tributgesandtschaften bewirtet und die Palastprüfung als höchste Beamtenprüfung abgenommen.

Die Rampe auf der Rückseite dieser Halle besteht im untersten Abschnitt aus dem größten Drachenreliefstein des Palastes. Der Kaiser schwebte hierüber in seiner Sänfte hinweg.

Durch das nördlich anschließende Tor betritt man den inneren Teil des Palastes, der zum Wohn- und Frauenbereich gehört. In seinem Zentrum wiederholt sich das Schema der drei Haupthallen in kleinerem Maß-

Löwin im Kaiserpalast

Die Wohngebäude westlich der Achse sind samt Ausstattung erhalten bzw. derart wieder hergerichtet, dass man einen Eindruck vom täglichen Leben im Palast bekommt. In der *Halle zur Geistespflege* (Yangxin Dian) im Süden dieses Bezirks hielt die berühmt-berüchtigte Kaiserin Cixi Hof, die bis zu ihrem Tod 1908 über vier Jahrzehnte lang den Thron praktisch usurpierte und sich rechts in der Halle züchtig hinter einem Vorhang verborgen hielt, wenn die Beamten zum Rapport erschienen. Hinter der Halle liegen die *Sechs westlichen Paläste* (Xi Liu Gong). Es sind kleine Höfe mit den eigentlichen Wohnräumen. Wie man sieht, ging es bei allem Prunk ziemlich beengt zu.

stab. Der erste Saal diente den Ming-Kaisern als Wohn-, Schlaf- und persönlicher Empfangsraum. Die Qing-Kaiser nutzten ihn als Audienzraum. Die kleine, mittlere der drei Hallen *(Jiaotai Dian),* deren Name die fruchtbringende Begegnung zwischen dem Männlich-Himmlischen und dem Weiblich-Irdischen beschwört, war die Thronhalle der Kaiserin. Ihr Schlafgemach befand sich zur Ming-Zeit in der dritten und nördlichsten der drei inneren Hallen. Die Mandschu-Kaiser, die ihr eigenes, nicht chinesisches Brauchtum mitbrachten, opferten dort zweimal am Tag dem Herdgott zwei Schweine. Östlich grenzt daran das mit reichlich roter Farbe geschmückte Hochzeitszimmer an. Durch das *Tor des weiblichen Friedens* (Kunning Men) gelangt man anschließend in den Palastgarten mit Pavillons, kuriosen Bäumen, einem künstlichen Felsgebirge, einem Tempel und Wegen aus hübschen Mosaiken.

In den Wohngebäuden auf der anderen Seite, also östlich der drei inneren Thronhallen, sind heute die Museumssammlungen untergebracht (Beschreibung im Kapitel »Museen«). Noch weiter östlich (durch die Tore Jingyun Men und Xiqing Men) gelangt man zu der prächtigen *Neundrachenmauer* aus farbig glasierten Reliefziegeln. Die Drachen, durch fünf Zehen pro Tatze als kaiserlich ausgewiesen – ansonsten mussten sie mit vier Zehen dargestellt werden –, symbolisieren nicht nur den Himmelssohn, sondern sind generell als ebenso ehrfurchtgebietende wie heilbringende Wesen zu verstehen. Ihre Anzahl – drei mal drei – bildet die Potenz des ebenfalls heilbringenden männlichen *yang*-Prinzips. Nördlich der Mauer liegt der vielleicht schönste Teil der Verbotenen Stadt: der *Palast des Altwerdens in Frieden* (Ningshou Gong, heute ebenfalls als Museum genutzt). Hier verbrachte der Qianlong-Kaiser ab 1795 seine letzten Lebensjahre, nachdem er sich 84-jährig nach sechzig Jahren Herrschertätigkeit zur Ruhe gesetzt hatte. Nach Norden hin (westlich der Halle Yangxing Dian) gelangt man in seinen Garten, eine Oase der Ruhe.

Nach der Besichtigung kann man die Verbotene Stadt durch das Nordtor verlassen. Dabei passiert man im nördlichsten Hof dieses östlichsten Palastteiles noch einen typischen chinesischen Brunnen. Mit ihm verbindet sich eine Geschichte: Als nämlich der Hof beim Boxeraufstand im Jahre 1900 vor den anrückenden Alliierten fliehen musste, soll die De-facto-Kaiserin Cixi den Eunuchen befohlen haben, die Lieblingskonkubine ihres Neffen, des Kaisers, zu beseitigen. Daraufhin soll das unglückliche Ding in dieses Brunnenloch gestoßen worden sein – offenbar ein Persönchen von feengleicher Zartheit, passt durch das schmale Loch doch gerade ein kleiner Wassereimer.

❁ Bei der Palastbesichtigung sind die Heerscharen von Besuchern eine zusätzliche Attraktion. Ob flotte Jungunternehmer oder schüchterne Bauern, ob hochnäsige Funktionäre auf Dienstreise oder Uighuren aus Zentralasien – den Kaiserpalast lässt sich niemand entgehen, der in die Hauptstadt kommt. Im Palast trifft sich ganz China.

Es ist unmöglich, alle Teile des Palastes einschließlich der Ausstellungen an einem einzigen Tag kennenzulernen. Am besten setzt man zwei halbe Tage an, um einen Überblick zu erhalten.

Dringender Rat: bei Toröffnung da sein. Etwa ab 9.30 Uhr wird es richtig voll. Leider gibt es auf dem ganzen Gelände kein Restaurant und nur bescheidene Imbissstände. *Mai–Sept. tgl. 8.30 bis 17 Uhr, sonst tgl. bis 16.30 Uhr, Einlass bis 16 bzw. 15.30 Uhr; Eintritt 30 Yuan, inkl. Schatzkammer, Uhrensammlung und Theater 50 Yuan, Tonbandführung mit gut formulierten Erklärungen 30 Yuan*

Sommerpalast Yihe Yuan (U/C 4)

★ ❁ Der riesige kaiserliche Garten mit seinen zahllosen Hallen, Wohnhöfen, Seen, Pavillons, Laubengängen und Pagoden entstand im Wesentlichen in den Jahren 1750/51 als Geschenk des Qianlong-Kaisers zum 60. Geburtstag seiner Mutter. Nach zweimaliger Plünderung und teilweiser Zerstörung – 1860 durch Engländer und Franzosen, das zweite Mal 1900 durch die alliierten Armeen nach der Niederschlagung des Boxeraufstandes – wurde der »Garten der Harmoniepflege« (Yihe Yuan) unter der Regie der Kaiserin Cixi wieder hergerichtet. Nach der Vertreibung des letzten Kaisers im Jahr 1924 erhielt erstmals die Öffentlichkeit Zutritt.

Die Bauten unterscheiden sich erheblich vom »Winterpalast« Gugong. Stilistisch uneinheitlich, teilweise verspielt bis hin zum Kitsch, sind sie ein typisches Produkt der ausgehenden Qing-Zeit. Die Mandschu-Kaiser wollten sich hier nicht nur am sommerlichen Grün, sondern auch an der Tatsache delektieren, dass sie halb Asien beherrschten. So ließen sie südchinesische Gartenkunst ebenso imitieren wie die tibetische Klosterarchitektur.

Auch ein Gebäude wie der »Pavillon des Buddha-Weihrauchs« wäre unter den konfuzianischen Ming-Kaisern als dominierendes Palastgebäude undenkbar gewesen: Die Mandschu waren eben auch gläubige Buddhisten.

Das vorherrschende Motiv im Yihe Yuan ist jedoch ein anderes: der Wunsch nach langem Leben. Er findet sich im Gebäudeschmuck (Symbole: Hirsch, Kranich, Kiefer, Bambus), in der Bepflanzung (Kiefer, Bambus) und in Orts- und Hallennamen. Langes Leben ist neben Reichtum und männlichem Nachwuchs eine der drei populärsten chinesischen Glücksvorstellungen. Dass dieses Motiv hier so dominiert, hängt nicht nur mit der alten Kaiserinmutter zusammen, der die Anlage einst als Präsent zugedacht war, sondern mehr noch mit der Kaiserinwitwe Cixi, die sich den Palast in den Jahren 1886 bis 1891 als Alterssitz hatte herrichten lassen.

Gleich hinter dem Haupteingang liegen die Audienz- und Amtsgebäude. Sie sind ausnahmsweise nach Osten ausgerichtet. Von den Bronzetieren im Vorhof stehen Drachen und Phönixe für den Kaiser und die Kaiserin, während das große, beschuppte Fabeltier Qilin hier eine segensreiche Herrschaft symbolisiert.

In der ersten Halle *(Renshou Dian)* wurden Beamte und ausländische Gesandte empfangen. Die Bronzekraniche und der Name des Gebäudes – »Halle der Güte und des langen Lebens« – stimmen auf das Hauptthema des Palastes ein.

Nördlich der Halle gelangt man zu einem der zwei *Palast-*

theater. Die dreigeschossige Bühne war bei ihrer Eröffnung 1891 die größte des Landes. Heute sind in den angrenzenden Räumen Kuriositäten aus Cixis Besitz – meist Geburtstagsgeschenke – ausgestellt. Südwestlich davon, in der *Halle der Jadewogen* (Yulan Tang), hielt Kaiserin Cixi ihren Neffen, den vorletzten Mandschu-Kaiser, zehn Jahre lang interniert. Ihre eigenen Wohnräume, die sie von Mai bis Oktober bewohnte, liegen gleich nebenan in der *Halle der Freude im Alter* (Leshou Tang). Hieran schließt das berühmteste Bauwerk des Sommerpalastes an. Es ist der 728 m lange, mit 8000 Roman- und Landschaftsszenen bemalte *Wandelgang,* der sich am Nordufer des Kunming-Sees entlangzieht. Folgt man ihm, so gelangt man auf halber Strecke zu einer Folge von Treppen und Hallen, die zum ❧ *Pavillon des Buddha-Weihrauchs* (Foxiangge) hinaufführen (schöner Blick auf den See). Der Wandelgang endet nahe dem steinernen Raddampfer, einem kuriosen Produkt spätqingzeitlicher Geschmacksverirrung. Hier gibt es einen Bootsverleih sowie verschiedene Anlegestellen für bunte Rundfahrts- und Fährboote. Nördlich vom *Hügel des langen Lebens* (Wanshou Shan) gelangt man zu den mächtigen Gebäuden im Stil tibetanischer Klosterarchitektur.

Der stimmungsvollste Teil des Yihe Yuan aber ist der *Garten des inneren Einklangs und des äußeren Wohlgefallens* (Xiequ Yuan) im Nordosten. Wer sich hier in die luftigen Pavillons setzt und im Schatten von Bambus und Kiefern auf den herrlichen Lotos-

Die Siebzehn-Bogen-Brücke über den Kunming-See im Sommerpalast

teich hinausträumt, erlebt klassische chinesische Lebensart der besten Sorte. *Tgl. 7.30–17 Uhr, im Winter 8–17 Uhr, manche Bauten nur 9–16 Uhr, Eintritt 33 Yuan, Bus 332 ab Zoo*

PARKS

❖ Wer an einem Sonntag in Peking ist, sollte nicht versäumen, in einen der Parks zu gehen. Da schauen stolze Eltern ihren Kindern beim Schaukeln oder Autoscooterfahren zu, schick gekleidete junge Leute fotografieren einander, in den Pavillons sitzen die Alten und spielen Schach, und auf dem See – kein richtiger Park ist ohne See – schippert man gemächlich mit Tretbooten in Gestalt von Schwänen oder Enten umher. Sonntags im Park, ganz gleich in welchem, das ist das reinste Idyll.

An jedem Wochentag aber sind die Parks schon im Morgengrauen bis gegen sieben Uhr von Frühaufstehern bevölkert, die den Kreislauf mit Schattenboxen oder anderer Gymnastik auf Trab bringen.

Beihai-Park (112/A 4–5)

Der einstige kaiserliche Garten ist Pekings beliebteste Grünanlage. Mit seinem 68 Hektar großen *Nord-See* (Beihai), der den größten Teil des Parks ausmacht, lockt er im Sommer zum Bootfahren und im Winter zum Schlittschuhlaufen. Die zentrale Lage sowie die vielen hübschen Pavillons und andere Bauten aus der Kaiserzeit tragen das Ihre zur Attraktivität des Parks bei. Besonders schön ist es im Spätsommer, wenn der Lotos blüht.

Westlich des Südeingangs befindet sich das *Runde Fort* (Tuancheng), eine kleine Festung, in der einige Kunstschätze ausgestellt sind, darunter eine Jadebuddhafigur und eine große Jadeschüssel, die Kublai Khan im Jahr 1265 als Geschenk erhielt.

Über eine Brücke führt der Weg zur *Insel Qiongdao,* auf der sich das Wahrzeichen des Parks, die Weiße Dagoba, erhebt, eine 36 m hohe Flaschenpagode in indisch-tibetischem Stil. Sie wurde 1651 errichtet, als Willkommensgruß für den Dalai Lama, der zum ersten Mal auf Staatsbesuch nach Peking kam. Die Dagoba gehört zu dem kleinen *Tempel des ewigen Friedens* (Yong'an Si) am Fuß der Anhöhe.

Die imperiale Tradition wird nach wie vor im *Fangshan-Restaurant* am Nordufer der Insel gepflegt. Dort speist man stilecht nach alten Rezepten der Palastküche. Die Räumlichkeiten gehören zur »Halle des Wellengekräusels«, einem früheren Lustschlösschen.

Die wohl schönste Stelle im Park ist jedoch der luftige *Fünfdrachenpavillon* am Nordwestufer mit seinem Seepanorama. Nordöstlich davon steht eine der zwei Pekinger Neundrachenmauern. *Tgl. 6–21, im Winter 6.30–20 Uhr, Rundes Fort tgl. 9–17 Uhr*

Jingshan, Kohlehügel (112/A–B 5)

Der Gipfel des künstlichen Hügels liegt genau auf Pekings Nord-Süd-Achse unmittelbar nördlich vom Kaiserpalast und bietet das beste Stadtpanorama. *Jingshan* bedeutet »Aussichtshü-

Viele Chinesen beginnen den Tag mit Taijiquan, dem »Schattenboxen«

gel«, die Bezeichnung »Kohlehügel« soll sich auf Kohlevorräte beziehen, die man einst an seinem Fuß lagerte. Die Anhöhe entstand aus dem Aushub beim Bau des Palastgrabens. Der Jingshan ist die schönste Stelle, um den Pekingern frühmorgens bei vielerlei <mark>Frühsport</mark> – Schattenboxen, Schwertübungen oder Aerobic – zuzuschauen. Dann wird Musik gemacht, und zuweilen gibt's auch Wiener Walzer. Andere treffen sich auf dem Gipfel zum Urschrei-Qigong. *Tgl. 6–22, im Winter 7–20 Uhr*

Xiangshan (U/B 4)

★ Die »Duftberge« westlich der Stadt sind ein beliebtes Ausflugsziel der Pekinger, vor allem im Herbst, wenn sich das Laub leuchtend rot färbt. Das weitläufige Gelände zählt zu den Westbergen, einem Höhenzug, der die Pekinger Ebene nach Westen begrenzt und im Xiangshan der Stadt am nächsten kommt. Seit Peking Hauptstadt ist, wussten auch die Kaiser diese Gegend zu schätzen, die hierher zeitweise Jagdausflüge unternahmen. Bis heute sind auf dem Gelände einige kleinere Bauten kaiserlicher Provenienz erhalten, darunter eine ganz mit glasierten Ziegeln bedeckte Pagode.

Auf den 570 m hohen Gipfel mit herrlicher Aussicht schwebt man bequem im Sessellift *(Mitte März bis Oktober, 20 Yuan pro Strecke)*. In der Ferne erkennt man die Pagode des Jadequells, die die ergiebigste Süßwasserquelle in Peking und Umgebung schmückt, sowie den Sommerpalast.

Besuchen Sie auch das Kloster Biyun Si gleich neben dem Eingang zum Park sowie das nahe gelegene Kloster des schlafenden Buddha (Wofo Si). *Tgl. 6–19, im Winter 6.30–18 Uhr, Bus 360 und private Minibusse ab Busbahnhof Zoo (Südseite)*

Yuanming Yuan (U/C 4)

Hier stand bis zu seiner Verwüstung durch Engländer und Franzosen im Jahr 1860 der alte Sommerpalast. Das Interessanteste sind heute die Ruinen jener erstaunlichen Bauten im europäischen Stil, die 1747 bis 1769 nach Plänen von Jesuitenmissionaren errichtet worden waren – ein kurioses Pendant zur Chinoiserie in Europa. *Tgl. 7–19 Uhr, östlich des Yihe Yuan, Taxi bis Osttor*

RELIGIÖSE STÄTTEN

Peking besaß einst eine geradezu unüberschaubare Menge an großen und kleinen Tempeln. Die kleinen sind ausnahmslos verschwunden, und wegen der offiziellen Verdammung von Religion als Aberglauben erging es vielen bedeutenden ebenso. Um 1980 setzte jedoch ein Umdenken ein, das sich mit der Entdeckung des Tourismus als Devisenquelle noch beschleunigte. Sofern mindestens die Gebäude noch standen, wurden viele Tempel wieder hergerichtet. Nur in sehr wenigen herrscht jedoch noch religiöses Leben. Unter diesen sind die bedeutendsten der daoistische *Baiyun Guan* und der buddhistische *Yonghe Gong*.

Ba Da Chu (U/B 4–5)

Die *Acht großen Stätten* sind acht Tempel in einem bewaldeten Tal der Westberge mit Fernblick auf Peking. Ein ansteigender Pfad verbindet sieben der einst beliebten Wallfahrtsziele miteinander, mit einem Sessellift *(im Winter außer Betrieb)* kann man hochfahren und bergab laufen – oder die Riesenrutsche nehmen. Sehr schön sind die yuanzeitlichen Luohan-Figuren im vierten Tempel (Dabei Si). Besonders stimmungsvoll ist die abseits liegende achte Stätte. *20 km westlich der Stadt, Bus 347 ab Zoo*

Baita Si (III/E 5)

Das *Tempelkloster der weißen Pagode* hat seinen Namen nach der größten Flaschenpagode der Stadt. Der in einer alten Wohngegend gelegene Bau entstand 1271 auf Geheiß des Mongolenkaisers Kublai Khan. Architekt war ein Nepalese. Der 51 m hohe, im alten Peking weithin sichtbare Turm führte den Einwohnern vor Augen, wer in der neuen Hauptstadt des Mongolenreichs auch in religiöser Hinsicht den Ton angab. Besonders schön vom nur teilweise erhaltenen Figurenschmuck: die 18 Luohan in der zweiten Haupthalle. *Tgl. außer Mo 9–16.30 Uhr, Fuchengmennei Dajie, U-Bahn Fucheng Men*

Baiyun Guan
Kloster der weißen Wolken (114/C 3)

★ Pekings einziges erhaltenes daoistisches Tempelkloster ist eine gepflegte Stätte lebendiger Religiosität und eine Freude für jeden Besucher: Durch schattige Höfe schreitet man von Halle zu Halle, bestaunt die zahlreichen Bildwerke und betrachtet die Mönche, die in ihrer typischen Tracht vom Wadenwickel bis zum hochgesteckten Haarknoten aussehen wie alten Bildern entstiegen. Das Kloster wurde unter Dschingis Khan im Jahr 1227 gegründet und ist seither das wohl bedeutendste nordchinesische Zentrum des Daoismus. Die meisten Gebäude stammen aus dem 17. Jh.

Nahezu die gesamte Anlage ist vollständig erhalten, angefangen von der großen Geistermauer gegenüber dem Eingang mit seinem prächtigen Schmucktor. Im ersten Hof hinter dem inneren Tor hängt unter einer Marmorbrücke eine Scheibe in Form einer alten Kupfermünze. In deren Loch wiederum hängt ein Glöckchen. Bringt man es zum Klingen, indem man eine Münze dagegen wirft, so bedeutet dies Glück, und das Geld wandert in die Klosterkasse. In der ersten Halle schreckt eine Wächterfigur böse Geister ab. In der zweiten Halle sieht man den Jadekaiser, die höchste Gottheit des Daoismus, umgeben von Stern- und Himmelsgöttern. In der dritten Halle werden sieben Heilige verehrt. Die Statuen stammen aus der Ming-Zeit. Die vierte Halle ist dem großen Lehrer und Meister Qiu Chuji (1148–1227) gewidmet. Er beeindruckte Dschingis Khan durch seine Weisheit, und ihm verdankt dieses Kloster letztlich seine Existenz. Die Gebeine des Weisen ruhen unter seinem Standbild. Die letzte Halle ist zweigeschossig. Die Figuren der Drei Reinen im Obergeschoss wurden schon 1428 geschaffen.

In den kleineren Hallen westlich der Hauptachse geht es volkstümlicher zu. Hier kommen auch Frauengestalten zu ihrem Recht. Eine Halle enthält ausschließlich Muttergottheiten, die für Fruchtbarkeit, rasche und schmerzlose Geburt sowie für das Augenlicht der Kinder zuständig sind.

In der Halle gegenüber stehen elf große Bronzefiguren, darunter sechs Frauen. Zentrale Gottheit ist hier Wen Chang, der Schutzpatron der Literaten und Beamten. Neben ihm sieht man Konfuzius (551–479 v. Chr.) und den Vollender der neokonfuzianischen Philosophie, Zhu Xi (1130–1200). Am erstaunlichsten ist aber die Halle der Jahresgötter. Sechzig phantasievolle, bunt bemalte Tonfiguren verkörpern die Jahre des chinesischen Sechzigerzyklus. Wer hier dem Gott seines Geburtsjahres opfert, darf erwarten, dass fortan alles nach Wunsch geht. Den nördlichen Abschluss bildet der Klostergarten mit der überdachten Ordinations- und Lehrterrasse. Ein Wandbild zeigt die daoistische Götterwelt, ein anderes, nahe der Nordostecke, stellt dar, wie die acht Unsterblichen das Meer zu den Inseln der Seligen überquerten. Nachdem sie sonst nur per Wolke verreisten, wollten sie nun einmal zeigen, dass ihnen auch weniger alltägliche Verkehrsmittel zu Gebote standen: Der eine nahm seine Krücke, der zweite einen Federfächer, der dritte eine Papierfigur, der vierte sein Schwert, der fünfte einen Blumenkorb, der sechste eine Flöte, der siebte eine Schrifttafel, und die einzige Frau in der Gruppe fuhr auf einem Lotosblütenblatt. *Tgl. 8.30–17 Uhr, Baiyunguan Jie*

Biyun Si, Kloster der azurblauen Wolken (U/B 4)

Das einst bedeutende Tempelkloster am Haupteingang des

»Duftberges« Xiangshan ist zwar nicht mehr in Betrieb, doch ehrwürdig und schön gelegen. Es wartet mit zwei besonderen Attraktionen auf. Da ist zum einen die ⚜ »Diamantthronpagode«, ein mächtiger, reich mit Reliefs verzierter Bau in indischem Stil. Er entstand im 18. Jh. Die zweite Sehenswürdigkeit ist die Halle der 500 Luohan (Wegweiser »Arhats Hall«). Fast lebensgroße, vergoldete Skulpturen dieser heiligen Mönche sitzen hier in langen Reihen. Individuell gestaltet, scheinen sie mit dem Besucher stille Zwiesprache zu halten. (Halle war bei Redaktionsschluss wegen Renovierung geschlossen.) *Tgl. 8–17 Uhr, am Haupttor des Xiangshan-Parks, 20 km nordwestlich der Stadtmitte, Bus 360 ab Zoo*

Dongyue Miao (113/E5)

Dieser daoistische Tempel, einst der volkstümlichste von ganz Peking, diente jahrzehntelang als Polizeiwache, ehe er 1999 – was den Haupttrakt angeht – seine Auferstehung erlebte. Nicht nur wurden die Gebäude renoviert und wieder der Öffentlichkeit zugänglich gemacht, sondern auch der größte Teil des reichen Figurenschmucks wurde rekonstruiert. Die über 100 lebensgroßen Gestalten in den Galerien rund um den Haupthof stellen die »Ämter« des daoistischen Pantheons dar. Hauptgott ist der Ostbergkaiser, der Herr über Leben und Tod. *Di–So 9–16.30 Uhr, Chaoyangmenwai Dajie, U Bahn Chaoyangmen*

Fahai Si (U/B 5)

Am bewaldeten Ende eines stillen Tals liegt dieser Anno 1440 erbaute buddhistische Tempel. Seine Haupthalle birgt einen kunsthistorischen Schatz: Die Wände sind mit herrlichen Malereien bedeckt, die die Verehrung Buddhas zeigen. Unvergleichlich graziös: die Guanyin auf der Altarrückwand. *Tgl. außer Mo 9–16 Uhr, im Westen der Stadt, Taxi ab U-Bahn Pingguoyuan*

Jietai Si (U/B 5)

⚜ Das große buddhistische Tempelkloster mit dutzenden von Gebäuden, darunter bis zu 800 Jahre alte Grabpagoden, liegt weit vor der Stadt an einem bewaldeten Berghang. Namengebend ist die in einer Halle rechts der Hauptachse liegende imposante, dreistufige Ordinationsterrasse *(jietai)*. Mit ihrem Figurenschmuck stellt sie den Weltenberg Sumeru dar. Fast noch ehrwürdiger sind die skurrilen Kiefern und andere bis zu 1000 Jahre alte Bäume. Besuchen Sie auch den nahen Tanzhe Si. *Tgl. 8–17 Uhr, Eintritt 20 Yuan, 35 km westlich der Stadt, Taxifahrt*

Konfuziustempel (112/C 3)

★ Anders als buddhistische oder daoistische Tempelklöster, in denen Mönche oder Nonnen leben und sich das Volk zum Beten und Opfern einfindet, waren die Konfuziustempel Stätten des Staatskultes. Hier opferten die Beamten – in Peking gar der Kaiser persönlich. Der lange, komplizierte Ritus dauerte von Mitternacht bis zum Morgengrauen. Zahlloses Personal und Würdenträger waren beteiligt. Im Schein der Fackeln erklang eine uralte Zeremonialmusik. All dies geschah auf der großen Terrasse vor der mächtigen Haupthalle. Das Opfergerät, darunter kostbare alte Musikinstrumente, ist in der Halle noch zu sehen, ebenso die Seelentafeln von Konfuzius und seinen Schülern.

Das Gelände ist mit uralten Lebensbaumzypressen bestanden. Auf 198 Inschriftenstelen in ihrem Schatten wurden alle 51 624 Konfuzianer verewigt, die seit dem 14. Jh. die höchste Staatsprüfung bestanden haben – bis zu deren Abschaffung 1904. Die Seitenflügel bergen eine Ausstellung zur Stadtgeschichte. Noch hinter dem Westflügel ist auf 189 Steinplatten aus dem Jahr 1794 der ganze Text des konfuzianischen Schriftenkanons verzeichnet. Ein Besuch des Tempels lohnt auch wegen der Straße, an der er steht: Es ist die einzige in Peking, über die sich noch Ehrentore spannen. Der Nachbar zur Linken ist die Kaiserliche Akademie Guozijian. Um die Ecke befindet sich der Lamatempel Yonghe Gong. *Kong Miao, tgl. 9–17 Uhr, Einlass bis 16.30 Uhr, Guozijian Jie, U-Bahn Yonghe Gong*

Moschee (115/E 5)

Pekings ältestes islamisches Gotteshaus wurde bereits 996 gegründet. Die Bauten sind im chinesischen Stil gehalten (mit wenigen arabischen Elementen), doch an den islamischen Bedarf angepasst. So ist die Anlage nach Westen – gegen Mekka – ausgerichtet. Im Hof steht ein Minarett, ihm gegenüber die leuchtend ausgemalte Gebetshalle. Der sechseckige Bau zur Straße hin ist der »Turm zur Mondbetrachtung«. Er diente in früheren Zeiten zur Bestimmung von Anfang und Ende des Fastenmonats Ramadan.

Die »Rinderstraße«, an der die Moschee liegt, und die nähere Umgebung sind das Moslemviertel Pekings. *Keine festen Öffnungszeiten, Niu Jie (Zugang von der Gasse südlich der Moschee aus)*

Nantang
Südliche Kathedrale (115/E 3)

Pekings Kirche mit der längsten Geschichte. Gegründet wurde sie 1650 von dem deutschen Jesuitenmissionar Adam Schall von Bell. Zuvor hatte an dieser Stelle der erste Jesuitenmissionar in China, der Italiener Matteo Ricci (1552–1610), gewohnt. Der heutige Bau stammt aus dem Jahr 1904. Er gehört der vom Vatikan unabhängigen nationalkatholischen Kirche Chinas. *Keine festen Öffnungszeiten, Kreuzung Xuanwu Men, U-Bahn Xuanwu Men*

Tanzhe Si (U/B 5)

Das große buddhistische Tempelkloster ist besonders idyllisch inmitten bewaldeter Berge gelegen. Es wurde bereits um das Jahr 300 gegründet, doch stammen die meisten heutigen Bauten aus dem 15. bis 18. Jh. Mächtige alte Bäume, darunter ein tausendjähriger Ginkgo, spenden Schatten. Verbinden Sie den Besuch mit einer Besichtigung des nahe gelegenen Tempels Jietai Si. *Tgl. 8.30–16 Uhr, im Sommer bis 16.30 Uhr, Eintritt 15 Yuan, 45 km westlich der Stadt, Taxifahrt*

Wofo Si (U/C 4)

Das »Tempelkloster des schlafenden Buddha« beeindruckt den Besucher mit seiner gepflegten Anlage und seinem Bildschmuck. Die ersten zwei Gebäude nach Passieren des Schmucktors und des Haupttors zeigen den typischen Aufbau eines buddhistischen Tempels: Den Anfang macht die Halle der Himmelskönige mit je zwei Wächterfiguren zu beiden Seiten und dem Dickbauchbuddha in der Mitte. Auf seiner Rückseite wacht Weituo, des Glaubens General, über den heiligen Bezirk. In der zweiten Halle verkörpern die Buddhas der Drei Zeitalter die Ewigkeit der Lehre und die Erlösungshoffnung. An den Seitenwänden reihen sich die 18 heiligen Mönche (Luohan). Den Höhepunkt der Anlage bildet die dritte Halle mit der 5,2 m langen Bronzefigur des schlafenden Buddha (eigentlich Buddha beim Eintritt in das Nirwana) im Kreis seiner zwölf Jünger. Diese 13 Figuren entstanden zur Mongolenzeit im 13. oder 14. Jh.

Der Weg zum Kloster führt durch einen botanischen Garten; man kann eine Schmalspurbahn benutzen. Jenseits des Klosters in der »Kirschenschlucht« lässt es sich gut wandern. Verbinden Sie den Besuch mit einer Fahrt zu den »Duftbergen« (Xiangshan) und dem Kloster Biyun Si. *Tgl. 8–16.30 Uhr, ca. 20 km nordwestlich der Stadt, Bus 333 ab Sommerpalast Yihe Yuan oder Xiangshan*

Wuta Si (110/B 3)

»Tempel der fünffachen Pagode« bedeutet der Name, doch das Heiligtum, das an sich Zhenjue Si heißt, wurde im Jahr 1900 beim Boxeraufstand von brandschatzenden Truppen der Alliierten zerstört. Das Einzige, was blieb, ist eine eindrucksvolle Diamantthronpagode im indischen Stil. Sie besteht aus einem hohen, mit Reliefs verzierten Steinsockel, auf dem sich fünf kleine Pagoden erheben. Erbaut wurde die Pagode 1473 als Schrein für fünf goldene Buddhafiguren sowie für die Nachbildung einer ebensolchen Pagode, wie sie hier zu sehen ist. Die Kleinodien hatte ein indischer Mönch Kaiser Chengzu gestiftet. Das Gelände dient heute als Museum für Inschriftenstelen, darunter lateinisch-chinesisch beschriftete Grabstelen von Jesuiten aus dem 18. bis frühen 19. Jh. *An der nördlichen Uferstraße des Flusses Nanchang He auf der Nordseite des Zoos*

Yonghe Gong
Lamatempel (112/C 3)

★ Pekings größtes und prächtigstes Tempelkloster zählt zu den allerersten Attraktionen der Stadt, auch wenn es erst 1744/45 gegründet wurde. Dem Kaiserpalast oder dem Himmelsaltar hat der »Palast der Harmonie« sogar eines voraus: Er ist kein Museum, sondern wird noch von Mönchen bewohnt. Sein Reichtum freilich stammt aus keinem Opferstock: Der Tempel war ein Projekt der Mandschu-Kaiser – die gelb glasierten Dachziegel zeugen davon –, und um zu dokumentieren, dass das zuvor einverleibte Tibet und die ebenfalls lamaistischen Mongolen im Reich gut aufgehoben seien, mochte der Hof nicht knausern. Die Verbindung von tibetisch-mongolischem Lamaismus und chinesischer Kultur nimmt hier vielfache Gestalt an. Die Grundanlage ist chinesisch, die Ausstattung gemischt, und die Inschriftentafeln an den Hallendächern sind viersprachig: chinesisch, mongolisch, tibetisch, mandschurisch.

Schon der Auftakt ist prunkvoll: Drei große Schmucktore umstehen den Vorplatz. Eine lange Zuwegung schafft Abstand zum Staub der Straße. Jenseits eines weiteren Tors überquert man einen Hof, auf dem Glocken- und Trommelturm sowie zwei Stelenpavillons stehen. In der ersten Halle, ganz chinesisch, zürnen die großartigen Wächtergottheiten der vier Himmelskönige dem Bösen, das sie bereits in Gestalt von Dämonen zertreten. In der Mitte lacht verheißungsvoll der Dickbauchbuddha die Eintretenden an, und rückwärtig steht Weituo als Schützer der Lehre und wacht über das Tempelinnere. Den nächsten Hof schmücken ein gewaltiges Weihrauchgefäß, ein Stelenpavillon mit viersprachiger Inschrift »Der Lamaismus« von 1792 sowie eine Bronzeplastik des Weltenberges Meru, auf dem die Götter, die Bodhisattvas und die Buddhas wohnen. Deren Heiligkeit schauen Sie in den zwei nächsten Hallen. In der ersten thronen die Buddhas der Drei Zeitalter auf ihren Lotosblüten, flankiert von den 18 Luohan. In der folgenden Halle sitzen als weitere goldene Trias der Buddha des langen Lebens, der Medizinbuddha und der Buddha des Löwengebrülls, dessen Erweckungsruf weltweit vernehmbar ist. Einen Hof wei

Die erste Haupthalle des Lamatempels Yonghe Gong

ter dringt äolisches Klingen ans Ohr: Oben an der Lehr- und Versammlungshalle hängen vom Wind bewegte Glöckchen. Das Innere wird von einem 6 m großen Bronzebildnis Tsongkhapas beherrscht. Dieser stiftete um 1400 die Schulrichtung der Gelbmützen (Gelugpa), die seither im Lamaismus dominiert. Unter riesigen Wandbildern sieht man Kästen mit heiligen Schriften. Für den Dalai Lama und den Panchen Lama stehen zwei goldgelb bezogene Thronsessel bereit. In den beiden seitlichen Hallen sind kostbare Geschenke ausgestellt, die das Kloster im Laufe der Zeit empfing.

Betreten Sie die letzte Halle, so finden Sie sich wieder als kleine Erdenwürmer zu Füßen eines riesigen, durch alle drei Geschosse aufragenden Maitreya-Bodhisattva in tibetischem Stil. Der Sandelbaumstamm, aus dem er in einem Stück gefertigt worden sein soll, war eine Dankspende des siebten Dalai Lama an den Qianlong-Kaiser, der in Tibet eine Revolte hatte niederschlagen lassen. Die Schnitzarbeit wurde an Ort und Stelle erledigt und die Halle um die Figur herum errichtet.

Die Seitengebäude bergen weitere Schätze. Das vielleicht schönste Bildwerk des ganzen Tempels sieht man in der östlichen Seitenhalle im letzten Hof: Es ist ein aus Sandelholz geschnitzter predigender Buddha mit seinen Jüngern Ananda und Kashyapa. Das Schreingehäuse wurde aus kostbarem Nanmu-Holz geschnitzt. In den Hallen auf der Südseite des Hofes zeigen Ausstellungen Geschenke an das Kloster.

In den Seitenhallen der südlicheren – also dem Eingang näheren – Höfe sind auch die berühmten, zum Teil mit Tüchern verhängten Darstellungen der esoterisch-tantrischen Tradition ausgestellt. Sie zeigen männliche und weibliche Gottheiten in rituell-ekstatischer Vereinigung.

Einen halben Tag sollte man für den Yonghe Gong schon Zeit haben. Kommen Sie möglichst früh, denn ab 10 Uhr wird's voll. *Tgl. 9–16.30 Uhr, Eintritt 15 Yuan, U-Bahn Yonghe Gong*

RESIDENZEN UND WOHNHÄUSER

Dass Peking seit alters auch ein Ort feiner Lebensart ist, in dem Würdenträger und Literaten sich mit Geschmack – meist auch mit Geld und Ansehen – schöne private Refugien zu schaffen verstanden, sieht man der heutigen Stadt nicht mehr an. Doch es gibt solche Orte noch immer: Einige Wohnhäuser namhafter Persönlichkeiten der letzten 130 Jahre sind erhalten bzw. wurden wieder hergerichtet. Die klassischen Hofhäuser und Gärten, in denen sie lebten, sagen wesentlich mehr aus über das Leben im alten Peking als der Kaiserpalast. Die meisten der Residenzen liegen nahe bei den nördlichen Seen. **(111/F 3–112/A 4)**

Gong Wangfu, Residenz des Prinzen Gong **(112/A 4)**

Prinz Gong (1833–1898) war eine der großen Politikerpersönlichkeiten der späten Qing-Zeit. Von seiner fürstlichen Residenz blieben der große klassisch-chinesische Garten mit Teich, Pavillons, Wandelgängen und

einem künstlichen Felsenge-
birge sowie, als besonderes
Schmuckstück, sein Privatthea-
ter erhalten. *Tgl. 8.30–16.30 Uhr,
Liuyin Jie/Qianhai Xijie*

Guo Moruo Guju
Wohnhaus Guo Moruos   (112/A 4)
Der einflussreiche Schriftsteller
und Historiker lebte vor seinem
Tod im Jahr 1978 mit seiner Fa-
milie in zwei hübschen kleinen
Wohnhöfen. Ein Teil der Ausstattung – gehobener volksrepu-
blikanischer Kaderstil – blieb erhalten. *Bei Redaktionsschluss wegen
Renovierung geschl., sonst Di–So
9–16 Uhr, Qianhai Xijie*

Mei Lanfang Jinian Guan
Wohnhaus Mei Lanfangs   (111/F 4)
Der größte Pekingopern-Star aller Zeiten verlebte die letzten
zehn Jahre bis zu seinem Tod
1961 in einem stattlichen, 700
Quadratmeter großen Anwesen
traditioneller Pekinger Bauart.
Ein Teil der Einrichtung blieb erhalten. Eine Ausstellung informiert über den großen Darstel-
ler zarter Frauenrollen. *Tgl. außer
Mo 9–12, 13–16.30 Uhr, 1. Nov. bis
15. April geschl., Huguo Si Jie 9*

Song Qingling Guju
Residenz Song Qinglings   (111/F 3)
Die große alte Dame der KP Chi-
nas und Frau des Republikgrün-
ders Sun Yatsen lebte hier, am
Ufer des Sees Houhai, achtzehn
Jahre lang bis zu ihrem Tod 1981.
Die großen, samt Einrichtung er-
haltenen Wohngebäude sind
neuzeitlich, doch der schöne
Garten wahrt noch ganz die At-
mosphäre klassischer Lebensart:
Zur Kaiserzeit residierte hier ein
Prinz. *Tgl. 9–16.30 Uhr, 46 Hou-
hai Beiyan*

Ehemaliges
Gesandtschaftsviertel   (116/B–C 3)
Anders als in Shanghai oder Tian-
jin gibt es in Peking kaum bauliche Spuren der Kolonialzeit. Die
einzige Ausnahme ist das einstige Gesandtschaftsviertel östlich
des Tian'anmen-Platzes. Das alte China hatte auswärtige Bezie-
hungen im Grunde nur in Gestalt von Tributgesandtschaften
gekannt, die von den Vasallen-
staaten wie Korea oder Vietnam
regelmäßig an den Kaiserhof ge-
schickt wurden. Als im Zweiten
Opiumkrieg 1860 England und
Frankreich das Recht durchsetz-
ten, mitten in Peking ständige
Gesandtschaften einzurichten,
empfand China dies als eine
unerhörte Demütigung. Jenes
erste Pekinger Diplomaten-
viertel entstand in unmittelbarer
Nähe der Ministerien am Süd-
rand der Inneren Stadt. Beim Boxeraufstand im Jahr 1900 war es
erstes Ziel der fremdenfeind-
lichen Rebellen und wurde
bei der Belagerung zum großen
Teil zerstört. Beim Neuaufbau
sicherten sich die Fremdmächte
Sonderrechte. Sie unterhielten
hier eine internationale Schutz-
truppe. Chinesisches Militär
oder Polizei durfte das Areal
nicht betreten. Etliche der alten
Gebäude blieben erhalten, ausländische Botschaften befinden
sich hier freilich nicht mehr.
  Die gegenüber vom Beijing
Hotel in Verlängerung der
Wangfujing nach Süden führende Straße Taijichang Dajie
hieß einst Rue Marco Polo. Folgt
man ihr nach Süden, so sieht man
gleich hinter der ersten Querstraße links hinter einem be-

wachten Tor das Gebäude des alten Peking-Clubs. Weiter nach Süden – an der folgenden Kreuzung links um die Ecke – erhebt sich das dominierende Gebäude des Viertels, die heute wieder als Gotteshaus genutzte französisch-katholische Kirche St. Michel. Die südlich gegenüber liegende belgische Gesandtschaft ist die Einzige, von der die Hauptgebäude noch stehen. Rechts (westlich) der Kreuzung lag im Süden die deutsche Gesandtschaft, deren Gebäude nicht mehr existieren.

Auf der Nordseite der nach Westen führenden einstigen Legation Street residierten hinter einem erhaltenen, bewachten Tor die Franzosen. Auf derselben Straßenseite steht noch das kleine alte Postamt und an der nächsten Straßenecke das Gebäude der Yokohama-Bank. Die von hier wieder nach Norden führende einstige Rue Meiji (heute Zhengyi Lu) war gesäumt von der russischen und der britischen Gesandtschaft an ihrer Westseite und von der japanischen Gesandtschaft an der Ostseite. Hier befindet sich jenseits des mächtigen Steintores aus jener Zeit jetzt Pekings Rathaus.

Zurück zur alten Legation Street, dann rechts, sehen Sie auf der rechten Seite den Neubau des Obersten Gerichtshofs, ihm gegenüber ehemalige Bankhäuser (heute Feuerwehrverwaltung) und rechter Hand, hinter der nächsten Querstraße, das einstige französische Hospital.

Shichahai-Gegend (111/F3–112/A4)

★ Die drei Seen nördlich vom Beihai-Park, als Shichahai bekannt, liegen inmitten eines alten Hofhausviertels, des einzigen in der Stadt, das sein traditionelles Aussehen auf Dauer bewahren soll. Hier und da lugt das Dach eines alten Tempels oder einer vormaligen Beamtenresidenz hervor. Vom Westufer fällt der Blick hinüber auf Glocken- und Trommelturm. Die stilvollste Art, die Gegend zu erleben, bietet die per Rikscha durchgeführte Hutong Tour, bei der auch die Residenz von Prinz Gong besichtigt wird. *Tgl. 8.50 und 13.50 Uhr ab Beihai-Nordtor* (112/A4), *180 Yuan, Info und Reservierung Tel. 66 15 90 97*

Tianqiao, Dashalan und die »Unterirdische Stadt« (116/A-B4-5)

Die Gegend südlich des Tores Qianmen bis zur Tianqiao-Kreuzung *(bei der Nordwestecke des Himmelsaltar-Parks)* war im alten Peking das Geschäfts- und Vergnügungsviertel mit Theatern, zahllosen Restaurants, Läden und Bordellen. Die Bordelle sind zwar längst verschwunden und viele der alten Häuser ebenfalls, doch nach wie vor herrscht entlang der Hauptstraße *Qianmen Dajie* und der von ihr abzweigenden Gasse *Dashalan* das bunteste Treiben ganz Pekings – und großes Gedränge. Der Spaziergang 1 (Kapitel »Spaziergänge in Peking«) stellt Ihnen die Attraktionen der Gasse vor.

Die ganze Gegend wurde in der Kulturrevolution aus Kriegsangst in Massenkampagnen untertunnelt. Einen kleinen Teil des 20 km langen Katakombenlabyrinths kann man besichtigen. Gehen Sie südlich gegenüber der Straße Zhengyi Lu nach

Süden, und folgen Sie den Pfeilen zur »Underground City«. *Xi Damochang Jie 62, tgl. 8.30–17.30 Uhr, Eintritt 20 Yuan*

Chang'an Jie (115/E3–116/C3)

Das Herzstück von Pekings gewaltiger Ost-West-Achse steht im allgemeinen Sprachgebrauch häufig für den ganzen Boulevard, der über mehr als 25 km ohne eine Kurve quer durch die Stadt führt. Das Stück in der Mitte zu beiden Seiten des Tores Tian'anmen existierte zwar schon im alten Peking, und aus jener Zeit stammt auch der Name »Straße des langen Friedens«, doch als Ganzes ist der Boulevard ein Produkt kommunistischen Städtebaus: Er konterkariert die historische Nord-Süd-Achse. Heute stehen hier, besonders im Bereich der Jianguomennei Dajie, die absonderlichsten Beispiele für den historisierenden neuen Hochhausstil: Ergebnisse patriotischer Pflichtübungen. *Busse 4 und 57 fahren in beiden Richtungen am weitesten entlang der Ost-West-Achse*

Liulichang (115/F4)

Werkstätten für glasierte Ziegel, wie der Name behauptet, gibt es hier längst nicht mehr: Die Liulichang ist das traditionelle Zentrum des Pekinger Antiquitätenhandels. Hier zu bummeln lohnt aber auch wegen der Bebauung. Viele der historisch aussehenden Häuser entstanden zwar erst nach 1980, sie vermitteln jedoch einen Eindruck davon, wie harmonisch Pekings Stadtbild früher einmal war (siehe auch Spaziergang 1). *U-Bahn Hepingmen*

Tian'anmen-Platz (116/A–B3)

★ ✪ Pekings zentraler »Platz am Tor des Himmlischen Friedens« gilt als größter innerstädtischer Platz der Welt. Er ist symbolhaft wie wenige andere Orte.

Der Platz wurde 1958/59 für die Massenaufmärsche zum zehnjährigen Staatsjubiläum angelegt. Seine 30 Hektar Fläche sind groß genug für eine halbe Million Menschen. Als neue, monumentale Randbebauung entstanden gleichzeitig die *Große Halle des Volkes* (Sitz des Nationalen Volkskongresses) im Westen und die *Museen der chinesischen Geschichte und der chinesischen Revolution* auf der Ostseite. In der Mitte – genau auf Pekings großer Nord-Süd-Achse – erhebt sich auf einer gestuften Terrasse die *Gedenkstele der Volkshelden* mit Reliefszenen aus der Geschichte vom Opiumkrieg bis 1949. Seit die Mongolen Peking zur Hauptstadt gemacht hatten, blickten die Kaiser von ihren Thronen 700 Jahre lang nach Süden durch einstmals sieben Tore hindurch sinnbildlich gesehen geradewegs in ihr Reich hinein. Nunmehr aber müssen die verstorbenen Majestäten auf der Nordseite der 38 m hohen Stele in Maos Handschrift die Worte lesen: »Die Volkshelden sind unsterblich.« Im Süden erhielt der Platz einen gewissen – wenn auch städtebaulich wenig überzeugenden – Abschluss erst 1976/77 durch das *Mao-Mausoleum*. Mit dem gegenüberliegenden Tor Tian'anmen versammeln sich hier also lauter Bauten, die in Erinnerung an die leidvolle jüngere Geschichte Chinas und den großen Sieg der Kommunistischen Partei die nationale Identität des

Landes prägen. So ist es nur natürlich, dass die Sorge um die Geschicke Chinas auch die oppositionellen Kräfte immer wieder auf diesen Platz treibt. Nach der blutigen Niederschlagung der Studentenbewegung am 4. Juni 1989 ist es damit einstweilen vorbei, doch auf längere Sicht wird das Vorgehen der Armee die Symbolkraft dieses Ortes noch erhöht haben.

Es ist typisch für die Widersprüche der KP-Herrschaft, dass hier anderer studentischer Demonstranten ganz offiziell gedacht wird. Schon zu Kaisers Zeiten existierte vor dem Tian'anmen eine größere Freifläche, die jedoch ummauert und gewöhnlich abgesperrt war. Als nach dem Ende des Mandschureichs 1912 die Allgemeinheit Zutritt erhielt, war sie der einzige für größere Menschenansammlungen geeignete Platz in der Hauptstadt. Am 4. Mai 1919 protestierten Studenten hier gegen den Ausverkauf nationaler Interessen durch ihre eigene Regierung auf der Friedenskonferenz von Versailles. Weit mehr als die Revolution und das Ende der Monarchie markiert jene Bewegung des Vierten Mai die antikonfuzianische Hinwendung einer modernen Generation von Chinesen zu den Idealen von Demokratie und Wissenschaftlichkeit, kurz: Chinas Aufbruch ins 20. Jh.

Im täglichen Leben freilich gehen die Pekinger mit ihrem flugfeldgroßen Paradeareal anders um: Sie nutzen den Platz an geeigneten Tagen, um Drachen steigen zu lassen. Wer hier die bunten Schmetterlinge, Libellen, Vögel und manchmal auch endlos langen Schlangendrachen am Himmel schweben sieht, erlebt die Stadt von ihrer heitersten Seite. *U-Bahn Qianmen*

Wangfujing Dajie (116/B1–3)

»Große Straße am Brunnen der Königsresidenz« bedeutet der volle Name von Pekings Hauptgeschäftsstraße, doch alle Welt sagt nur einfach Wangfujing. In diesen Jahren verändern riesige Neubauprojekte von Hotels und Kaufhäusern ihr Gesicht.

ZOO

(110/B–C3) Chinas ältester Tiergarten, 1908 gegründet, lohnt an sich nicht den Besuch. Auch die Riesenpandas – gleich hinterm Eingang links in einer eigenen Halle mit Freigehege – zeigen sich meist als begnadete Faulpelze und nur selten einmal von ihrer possierlichen Seite. Eine echte Attraktion für Jung und Alt ist jedoch das supermoderne Aquarium, eine phantastische Anlage von den Dimensionen eines Kongresszentrums. In Mitteleuropa gibt es nichts Vergleichbares. Das Tollste kommt gleich zu Beginn des Rundgangs: ein imitierter, raffiniert beleuchteter tropischer Regenwald mit künstlichen Fließgewässern, in denen man die Fische von oben und durch Glas von der Seite sieht. Die weiteren Abteilungen: Welt der Gezeiten, Korallenriff – dort gleitet man unter Wasser durch zwei gläserne Tunnel , Haifischaquarium und Meeressäuger (mit Delphinshow). *Aquarium April–Sept. tgl. 9–18 Uhr, sonst 9.30–17.30 Uhr, Eintritt 80 Yuan (inkl. Zoo), Pandas extra 4 Yuan, Xizhimenwai Dajie*

Zwei Stunden im Museum

Von alter Jade und frommen Glocken bis zum Sieg der Revolution

Mit Pekings Museen ist es so eine Sache. Einerseits birgt die Stadt künstlerische Schätze von unermesslichem Wert, andererseits kommt kaum etwas davon angemessen zur Geltung. Keines der Museen entspricht in Ausstattung und Präsentation westlichem Standard. In den meisten Häusern sind die Exponate schlecht bis gar nicht beleuchtet und mangelhaft oder nur auf Chinesisch beschriftet. Gedruckte Museumsführer oder Abbildungen der Exponate sind allenfalls bei Sonderausstellungen zu haben. Das Problem wurde zwar auch in Peking längst erkannt, doch Verbesserungen zeichnen sich nur langsam ab.

Sofern nicht anders angegeben, betragen die Eintrittspreise 10 Yuan oder darunter.

Architekturmuseum   (116/A 6)
In den restaurierten Hallen des Ackerbaualtars verbirgt sich eine wenig bekannte, doch ausgezeichnete Sammlung von akku-

Ein Himmelsglobus aus Gold und Perlen im Palastmuseum

raten Modellen, Fotos und einigen Originalteilen altchinesischer Baukunst. Schöne, ruhige Atmosphäre. *Di–So 9–16 Uhr, am Südende der Dongjing Lu*

Geologisches Museum   (111/E 5)
An die zehntausend Exponate in den Abteilungen Bodenschätze, Fossilien, Erdgeschichte und Mineralogie. *Di–So 9–16 Uhr, Yangrou Hutong 15*

Dazhong Si
Glockenmuseum   (110/C 1)
In dem einstigen buddhistischen »Tempelkloster der großen Glocke« ist heute ein Glockenmuseum untergebracht. Das Prachtstück unter den 160 Exponaten ist 6,75 m hoch. Die kunstfertigen Gießer schufen um 1420 nicht nur ein außergewöhnlich großes, sondern auch ein besonders frommes Instrument: Sutrentexte im Umfang von 227 000 Zeichen bedecken seine Wandung. Wie man sieht, besitzen chinesische Glocken keinen Klöppel: Sie stehen fest und werden von außen angeschlagen. *Tgl. 8.30–16.30 Uhr, Beisanhuan Xilu*

Kulturpalast der Nationalitäten (115/E 2–3)

In dem großen Bau aus dem Jubiläumsjahr 1959 finden häufig Kunstausstellungen statt – nicht nur von Kunst der ethnischen Minderheiten in China, wie der Name des Kulturpalastes vermuten lässt. Den Minderheiten ist freilich eine ständige volkskundliche Ausstellung gewidmet. *Tgl. außer So 9–16 Uhr, Fuxingmennei Dajie, U-Bahn Xidan*

Kunsthalle (116/B 1)

★ Der wenig einladende sinostalinistische Bau von 1959 dient ausschließlich wechselnden Ausstellungen. Hier präsentiert sich das zeitgenössische chinesische Kunstschaffen von epigonaler Tuschmalerei über Porzellanmalerei bis hin zu experimentierfreudiger Avantgarde. Die meisten Ausstellungen sind jedoch kommerziell: Zahlungskräftige Künstler können die Räume mieten und ihre Werke hier verkaufen. *Tgl. außer Mo 9 bis 17 Uhr, Einlass bis 16 Uhr, Wusi Dajie 1*

Luftfahrtmuseum (U/C 4)

Hier stimmt sogar das Ambiente: Das Museum ist in einem alten Militärflughafen untergebracht, als spektakuläre Ausstellungshalle dient ein Felsbunker. Zu sehen sind Zivil- und Militärmaschinen, zwar nicht alles Originale, doch auch die Nachbau-ten aus der Frühzeit der Fliegerei sind interessant. *Tgl. 8.30–17 Uhr, Eintritt 30 Yuan, Changping Datangshan, ca. 45 km nördlich der Stadt*

Lu-Xun-Museum (111/D 5)

Lu Xun (eigentlich Zhou Shuren, 1881–1936) ist Chinas wohl bedeutendster moderner Dichter. Viele seiner Werke wurden auch in europäische Sprachen übersetzt. Ausgestellt sind Originaldokumente, Fotos und Modelle (Beschriftung nur auf Chinesisch); angeschlossen ist eine Bibliothek. Gleich links neben dem Museum liegt der bescheidene Wohnhof, in dem Lu Xun eine Zeit lang lebte. *Di–So 9–16 Uhr, Fuchengmen Nei Xisantiao Hutong, U-Bahn Fucheng Men*

Mao-Mausoleum (116/A 3)

Zu sehen ist zwar nur ein einziges Exponat, doch der inszenatorische Aufwand, den man für den konservierten Landesvater trieb, ist gewaltig. Der Bau, der ausgerechnet dem architektonischen Vorbild des Lincoln Memorial in Washington D.C. folgt, hat die Maße einer mittleren Kongresshalle. Ebenfalls wie im Falle Lincolns muss der Eintretende zu einer überlebensgroßen Marmorstatue des Verehrungswürdigen aufblicken, der hier milde lächelnd vor einer chinesischen Ideallandschaft sitzt. Dahinter, im Allerheiligsten,

MARCO POLO TIPPS FÜR MUSEEN

1 Palastmuseum
Die Schatzsammlung der Kaiser (Seite 45)

2 Kunsthalle
Chinas Kunstschaffen der Gegenwart (Seite 42)

Besucherschlangen am Mao-Mausoleum

liegt der Leichnam zwischen zwei Rabatten aus Plastikblumen in einem Glassarg, halb zugedeckt von der Landesflagge.

Mehr als ein flüchtiger Blick auf die Mumie ist aus mehreren Metern Entfernung im Dämmerlicht nicht zu erhaschen; unerbittlich schiebt sich die endlose Menschenschlange, die von gestrengen Aufpassern in Zweierreihen arrangiert wird, weiter voran und durch die südliche Ausgangshalle wieder ins Freie. Ob hier wirklich der alte Mao oder doch auch mal jene Wachsfigur liegt, die man dem Bekenntnis von Maos Leibarzt zufolge sicherheitshalber angefertigt hat, bleibt ein Geheimnis. Von Anfang an gab es erhebliche Probleme, den Unsterblichen vor der Verwesung zu bewahren. Das Mausoleum wurde 1976/ 77 innerhalb eines Jahres nach dem Tod des großen Vorsitzenden fertiggestellt. Alle Provinzen des Landes haben sich mit Materialien und Arbeitskräften darin verewigt. Wie die Thronsäle im

Kaiserpalast steht der Bau ehrfurchtgebietend auf hohem Podest, und wie jene liegt er auch genau auf der alten Nord-Süd-Achse der Stadt – vis-à-vis dem Staatssymbol Tian'anmen. Auch Mao selbst liegt auf dieser Achse. Ob er diese postume Einordnung ins imperiale Vermächtnis begrüßt hätte, brauchte nach seinem Tode niemanden zu kümmern. Entscheidend war die Botschaft des Baus: China ist Mao, und Mao ist Chinas Heiligtum.

Innen herrscht strenges Rede- und Fotografierverbot. Kameras und Taschen sind an seitlich aufgestellten Kiosken zur Aufbewahrung abzugeben, ehe man sich in die Schlange einreiht. *Tgl. 8–11 Uhr, zuweilen auch 14.30 bis 16 Uhr, dann wieder tagelang geschl., Tian'anmen-Platz, Südseite, U-Bahn Qianmen*

Militärmuseum der Revolution des chinesischen Volkes (114/B 2)

Hauptattraktion für Waffennarren ist die große Halle geradeaus hinterm Eingang des monumen-

Das monumentale Militärmuseum

talen Baus: Dort stehen Panzer, Raketen und anderes Großgerät *(Fotografieren erlaubt).* Im linken Gebäudeflügel (2. OG), wird mit Modellen, Abbildungen und ein paar Originalen die gesamte ältere Militärgeschichte Chinas ausgebreitet, im ganzen rechten Flügel dagegen in allen Details die Kriegs- und Revolutionsgeschichte dieses Jahrhunderts dokumentiert. Zwei Skulpturengruppen vorm Haus symbolisieren die Einheit von Soldaten und Offizieren sowie von Soldaten und Volk. *Di–So 8.30–17.30 Uhr, Einlass bis 16.30 Uhr, Fuxinglu 9, U-Bahn Junshi Bowuguan*

Museum der chinesischen Geschichte und Museum der chinesischen Revolution (116/B3)

Der doppelte Museumspalast am Tian'anmen-Platz verfolgt im Wesentlichen ein einziges großes Ziel: den Weg nachzuzeichnen, der mit einer primitiven Urgesellschaft begann und über Jahrhunderte von Sklaverei und Unterdrückung bis zur Revolution führte, durch die die Kommunistische Partei Chinas dem Land gleichsam den Vorhof eines neuen Paradieses eröffnete. Schon wer über die endlos breite Freitreppe zu den Propyläen emporschreitet, begreift: Triumph ist angesagt, doch angesichts historischer Größe gilt der Einzelne wenig. Und so war es in der Tat, als der Bau entstand – zum zehnjährigen Staatsjubiläum 1959 (Einweihung war 1961) und unter massenhaftem Einsatz »freiwilliger« Arbeitskräfte.

Das Geschichtsmuseum im Südflügel behandelt die historische Entwicklung ab der Steinzeit. Auf der Basis eines nationalistischen Fortschrittsglaubens wird großer Wert auf die zivilisatorischen Leistungen im alten China gelegt. Die thematische Vielfalt in diesem Bereich ist groß, und vieles ist sehr instruktiv, auch wenn die Exponate ausschließlich chinesisch beschriftet wurden und es sich großenteils nicht um Originale, sondern um Repliken, Modelle und Illustrationen handelt. Gerade die großen und akkurat gemachten Technik- und Architekturmodelle lohnen einen Gang durch die mächtigen Hallen. Zuweilen finden lohnende Sonderausstellungen statt. Das Revolutionsmuseum propagiert anhand von Fotos, Reproduktionen und Texttafeln (teils auch auf Englisch) eine betont nationalistische Sichtweise der politischen Geschichte seit dem Opiumkrieg. Zum 50-jährigen Staatsjubiläum 1999 wurde eine neue Abteilung eröffnet, die die Leistungen der kommunistischen Partei nach 1949 herausstreichen soll. *Beide Di–So 8.30–16.30 Uhr,*

Ostseite des Tian'anmen-Platzes, U-Bahn Qianmen

Naturkundemuseum (116/A–B 5)

Hier wird die Entwicklungsgeschichte von Tier und Mensch nachgezeichnet. Die Beschriftung der ansprechend präsentierten Sammlung enthält neben chinesischen auch ein paar englische Angaben. *Tgl. 8.30–17 Uhr, Einlass bis 16 Uhr, Eintritt 15 Yuan, Tianqiaonan Dajie 126*

Gugong Bowuyuan Palastmuseum (116/A–B 1–2)

★ Die Kaiser waren Chinas größte Kunstsammler. Das meiste wurde von den besten Handwerkern im Lande eigens für den Hof hergestellt, andere Schätze kamen als Tributgeschenke hinzu, manches wurde auch regulär gekauft. Was auf diese Weise im Laufe der Jahrhunderte an Möbeln, Jade, Goldschmuck, Porzellan, Gemälden, Plastiken und Kuriositäten zusammenkam, ist an Größe und Wert schlichtweg unvergleichlich.

Die Mehrzahl der Schätze wurde in den Dreißigerjahren des 20. Jhs. in 13 427 Kisten verstaut vor den anrückenden Japanern nach Süden abtransportiert. Damit begann eine wahre Odyssee, an deren Ende der größte Teil der kaiserlichen Sammlung in Taibei auf Taiwan landete, wo sie nun im dortigen Palastmuseum zu sehen ist. Der in Peking verbliebene Rest braucht sich jedoch nicht zu verstecken – weder was die Zahl der Schätze noch was ihren Wert angeht.

Die Exponate waren im Palast jedoch all die Jahre nur sehr lieblos präsentiert – und sind es teilweise noch immer. Unterdessen wurde – auch im Zuge nötiger Reparaturen an den Gebäuden – damit begonnen, modernere Ausstellungstechniken einzuführen. Dies hat leider zur Folge, dass kaum noch angegeben werden kann, wo was zu sehen ist, da immer wieder umgeräumt wird. Manche Abteilungen sind bereits seit Jahren geschlossen, ohne dass ihre Wiedereröffnung abzusehen wäre. Im Folgenden erfahren Sie, was es gibt, so dass Sie gezielt danach fragen können. Abteilungen, die Sie mit ziemlicher Sicherheit bereits wieder oder noch an festen Orten finden, sind zuerst genannt.

Keramik: Sie präsentiert sich in freundlichem, neuem Rahmen mit beleuchteten Schaukästen. Die chronologische Folge gibt einen guten Überblick über die Stilentwicklung, beginnend mit den prähistorischen Kulturen von Yangshao und Longshan. Besonders selten und kostbar ist das 1400 Jahre alte weiße Porzellan. *Westlich des Tors Qianqingmen bei den kleinen Thronhallen*

Malerei: Der westliche Seitenflügel neben den großen Thronhallen wurde bereits umgebaut, um die empfindlichen Stücke in konservatorisch verantwortbarer Weise präsentieren zu können. Es wird oft gewechselt, zwischendurch sind Sonderausstellungen zu sehen. *Eingang neben der Halle Baohe Dian*

Uhren: Mechanische Uhren aus Europa zu besitzen galt in der späten Qing-Zeit als ausgesprochen schick. Die kaiserliche Kollektion ist natürlich von erster Güte und umfasst ebenfalls Kreationen aus heimischer Produktion. Außer schmücküberladenen Prunkuhren ist auch eine chinesische Wasseruhr zu sehen. *Die Sammlung soll Ende 1999 an ihren Stammplatz in der Halle Feng-xian Dian zurückkehren.*

Schatzkammern: Hier blenden Gold und Juwelen, nicht immer das Geschmackvollste, aber durchweg beeindruckend. Ein typisch chinesisches Material beim Kopfschmuck sind leuchtend blaue Eisvogelfedern, die zurechtgeschnitten und aufgeklebt werden. *Im Ningshou Gong.*

Theatersammlung: Sinnreich untergebracht in der Zuschauergalerie des einstigen Palasttheaters mit seiner doppelstöckigen Bühne. Zu sehen sind Kostüme und Illustrationen, ausnahmsweise sogar mit englischer Beschriftung. *Östlich des Hofes hinter dem Tor Yangxing Men.*

Steininschriften: Abklatsche von berühmten Inschriften. Wer kein Chinesisch kann, erhält einen Eindruck von den verschiedenen Schriftstilen. *In der östlichen Seitenhalle des Ningshou Gong*

Möbel und andere Ausstattungsstücke: Klassisch-schön mag man nur einen Teil des ausgestellten Gestühls und Wohnungszierats nennen, führte der ständige Wunsch nach Neuem unter der letzten Dynastie doch auch zu mancher Modetorheit. Feine Lebensart zeigt die Studierstube in der Halle Yangxing Dian. Den Zeitgeschmack ab dem späten 18. Jh. trifft eine ungeheuer kostbare, im künstlerischen Wert freilich eher zweifelhafte monumentale Jadeplastik am Ausgang der nach Norden folgenden Halle Leshou Tang. Sie stellt den Urkaiser Yu inmitten einer phantastischen Berg-Wasser-Szenerie als Flutbezwinger dar. Allein der Transport des Steins aus der Provinz Xinjiang in Zentralasien nach Peking soll drei Jahre gedauert haben. *In den Hallen nördlich des Tores Yangxing Men*

Jade: Erstklassige Sammlung. Wer in den beiden Hallen jeweils links beginnt, kann sehr gut die Stilentwicklung über mehr als

Der Kaiserpalast beherbergt eindrucksvolle Kunstsammlungen

drei Jahrtausende verfolgen. *In den nördlichen der Sechs Östlichen Paläste (Dong Liu Gong)*

Cloisonné: Diese aus Vorderasien stammende Emailkunst entwickelte sich in China seit dem 15. Jh. zu höchster Blüte. *In den östlichen Nachbarhöfen der Jadesammlung*

Bronze: Kostbare, zum Teil über 3000 Jahre alte Ritualgefäße der Shang-Zeit sowie etwas jüngere aus der frühen Zhou-Zeit. Ferner sind Gefäße sowie Bronzespiegel und anderes aus späterer Zeit (ab ca. 7. Jh. v. Chr.) ausgestellt. *Bei Redaktionsschluss geschl.*

Kunst von Zhanguo- bis Song-Zeit (5. Jh. v. Chr.–13. Jh. n. Chr.): Ein guter Querschnitt mit einigen Überraschungen, so die 2000 Jahre alte Skulptur eines eng umschlungenen, sich küssenden Paares – ein für China sehr ungewöhnliches Motiv. *Bei Redaktionsschluss geschl.*

Spielautomaten: Witzige Stücke aus dem letzten Jahrhundert. Tänzer, Musiker und Illusionisten werden von verborgener Mechanik getrieben. Die meisten Apparate stammen aus Frankreich, China griff die Anregung auf und steuerte mechanische Fächer bei. *Bei Redaktionsschluss geschl.*

Mai–Sept. tgl. 8.30–17 Uhr, sonst tgl. bis 16.30 Uhr, Einlass bis 16 Uhr bzw. 15.30 Uhr, Eintritt 30 Yuan, inkl. Schatzkammer, Uhren- und Theatersammlung 50 Yuan

Pekingmensch-Museum und -Fundstätte in Zhoukoudian (U/B 6)

1928/29 wurden in Karsthügeln bei Peking erstmals Schädelknochen eines Urmenschen entdeckt, der vor 230 000 bis 460 000 Jahren gelebt haben soll und die Bezeichnung *homo erectus pekinensis* erhielt. Die wertvollen Funde gingen zwar im Zweiten Weltkrieg auf dem Weg in die USA verloren, doch seither haben Ausgrabungen weitere Knochenreste sowie Steinwerkzeuge und allerlei Tierknochen zu Tage gefördert. Die durch die Grabungen leer geräumten Höhlen sind zu besichtigen; sie enthielten Sedimente von bis zu 50 m Mächtigkeit und konservierten so eine erd- und artengeschichtliche Entwicklung von 700 000 Jahren. Das Museum zeigt einen Teil der Funde und gibt Einblicke in Paläontologie und Anthropologie. *Tgl. 8.30 bis 16.30 Uhr, Eintritt 11 Yuan, 50 km südwestlich der Stadt*

Xu-Beihong-Museum (111/E 3)

Der 1953 verstorbene Maler ist vor allem für seine in traditioneller Tuschtechnik ausgeführten Pferdebilder bekannt, die seither vielfach imitiert wurden. Er malte aber auch andere Motive und in anderen Techniken. Das 1983 erbaute Museum verfügt über 1200 Bilder des Meisters und über 10 000 von Xu gesammelte Gemälde anderer Künstler. *Di–So 9–12, 13–17 Uhr, Einlass bis 11.30 bzw. 16 Uhr, Xinjiekou Beidajie 53, U-Bahn Jishuitan*

Yan Huang Art Gallery (U/C 4)

Pekings neueste Kunsthalle, ein 1991 eingeweihter auffälliger, architektonisch interessanter Bau, wurde teilweise privat finanziert. Gezeigt werden niveauvolle Ausstellungen alter und neuer Kunst. *Di–So 9–16.30 Uhr, Huizhong Lu 9, Asian Games Village im Norden der Stadt*

Wohin gehen wir essen?

In China speist man in Gesellschaft, und Peking bietet dazu reichlich Gelegenheit

Peking ist die Feinschmecker-hochburg des Nordens. Was kulinarische Vielfalt und das Niveau der Kochkunst angeht, hat zwar der Süden mit seinem reichen Angebot an frischen Feldfrüchten rund ums Jahr generell die Nase vorn, und auch die Hauptstadt kann die Tatsache nicht verleugnen, dass auf den Feldern im Umland im Winter nichts gedeiht – die Berge von Chinakohl, die im Herbst in die Stadt geschafft werden, zeugen davon, wie wichtig diese gut einzulagernde Gemüsesorte noch heute für die Ernährung ist. Die kaiserlichen Beamten sowie viele Kaufleute, die aus dem ganzen Land nach Peking kamen, sorgten jedoch schon früh dafür, dass sich der Speisezettel für die Besserbemittelten abwechslungsreich und raffiniert gestaltete – ganz zu schweigen vom Kaiserhof selbst, für den das Beste gerade gut genug war.

Diese Traditionen haben zwar unter der verordneten Frugalität der Mao-Ära arg gelitten, kommen heute jedoch wieder zu Ehren. Vor allem die neue Hauptstadtbourgeoisie liebt es gut und teuer. Auch dank der vielen in Peking arbeitenden Ausländer nimmt das Gaststättenangebot an Vielfalt und Qualität ständig zu. Dennoch ist das Essengehen für Ausländer ohne Sprachkenntnisse nicht immer problemlos. Oft hapert es auch in bekannten Lokalen an Ausstattung und Service. Woanders fehlt dann wiederum eine englische Speisekarte oder Englisch sprechende Bedienung.

Dennoch gibt es auch außerhalb der Hotels mit ihrem meist tadellosen, stets aber teuren Angebot eine Reihe von Lokalen, in denen hervorragend gekocht wird und wo man angenehm und mit Lokalkolorit speisen kann. Immer mehr Lokale stellen im Sommer auch Tische und Stühle nach draußen.

Chinesisch essen

Was bestellt man? Pekingente *(kaoya)* in Peking ist natürlich besonders authentisch, doch über offenem Eschenholzfeuer geräu-

Pekingente sollten Sie wenigstens einmal essen

chert, wie es sich eigentlich gehört, erhält man sie kaum noch. Trotzdem ist die knusprige Haut, die man bei Tisch stückchenweise in eine spezielle Soße stippt und dann mit Lauch in dünne Fladen wickelt, stets eine Delikatesse. Meist wird nur die Haut gereicht. Bestellen Sie ausdrücklich den ganzen Vogel, sofern Sie genügend Esskumpane zusammenbringen, denn auch aus dem ansehnlichen »Rest« werden leckere Gerichte zubereitet.

Ebenfalls typisch nordchinesisch ist mongolischer Lammfleisch-Feuertopf *(shuan yangrou)*, ein ideales Gericht für die kalte Jahreszeit. Außer dem hauchdünn geschnittenen Fleisch gart man sich am Tisch Gemüse, Pilze und Nudeln in der mit Holzkohle befeuerten Brühe. Zum Feuertopf wird ebenso wenig Reis gereicht wie zur Pekingente. Wenn Reis heute auch überall zu haben ist, treten in Nordchina doch traditionell Teigwaren an seine Stelle. Probieren Sie beispielsweise Dämpfklöße aus Weizenmehl *(mantou)* als »Magenfüller« zu regulären chinesischen Gerichten oder die leckeren Teigtaschen, von denen es je nach Teig, Gestalt und Füllung – meist Hackfleisch und Gemüse – ganz unterschiedliche Arten gibt.

Teigtaschen und Nudelsuppe zählen zur Volksküche. Um sie kennen zu lernen, begibt man sich in die einfachen Häuser oder an die Imbissstände der Garküchenmärkte. Feuertopf, ebenfalls sehr populär, nimmt eine Mittelstellung ein. Pekingente dagegen zählt zur Festtagsküche. Noch darüber rangiert die Pekinger Palastküche, von der hunderte von Rezepten den Niedergang des Kaiserreiches überlebten.

Nur eine Küche kann der Palastküche das Wasser reichen, was die Kunstfertigkeit im Umgang mit den Zutaten angeht: die vegetarische. Ihre Fisch- und Fleischimitationen sind oft wahrlich verblüffend.

Die wichtigste Regel beim Speisen *à la chinoise* lautet: zu mehreren ausgehen. Je größer die Gruppe, desto besser, da sich alle alles teilen. Dieser Regel sollte man um so mehr Beachtung schenken, je höher Lokal und Menü rangieren: Feuertopf in Gesellschaft mit sich selbst ist vielleicht noch möglich, aber trostlos, Pekingente oder gar Palastküche solo dagegen undenkbar. In den meisten Lokalen wären drei oder vier Personen wohl das absolute Minimum. Manche Restaurants bieten freilich auch vernünftige Zweipersonenmenüs an; richtig üppig wird es jedoch erst bei acht bis zwölf Tischgenossen. Wichtig ist, dass einer beim Bestellen für den ganzen Tisch die Regie übernimmt und dann auch kommissarisch für alle die Rechnung begleicht. Einzelesser müssen in der Regel bereit sein, mit dem Volk zu speisen – z. B. *jiaozi* (dreieckige Teigtaschen aus einfachem Teig mit Fleisch-Gemüse-Füllung), *xiaolongbao* (gefüllte, runde Hefeteigtaschen), die herzhaften *guotie* (»Topfkleber«: gebratene *jiaozi*) oder Nudelsuppen.

In Peking ist natürlich nordchinesische Küche erste Wahl. Jedoch sind auch die Küchen anderer Landesteile gut vertreten.

Während es die Cuisine der Küstenregionen in Peking mangels Meeresnähe nicht ganz mit den Shanghaier oder Kantoner Vorbildern aufnehmen kann, lässt sich die scharfe Sichuan-Küche in Peking hervorragend genießen. Freilich empfehlen sich auch die kantonesischen Restaurants, die vielfach unter Hongkonger Management und mit südchinesischen Köchen für Peking die Restaurantmaßstäbe setzen, was Service, Ausstattung und Qualität der Speisen angeht. Schließlich gilt die kantonesische Küche zu Recht als Königin unter den Küchen Chinas. Falls Sie noch nicht mit Essstäbchen umgehen können: nur Mut! Jeder, der einen Bleistift halten kann, wird es rasch lernen. Führen Sie dabei die Schale zum Mund – so, wie es die Chinesen tun. Die Esssitten sind ungezwungen zu nennen: Nur hörbares Naseschnauben bei Tisch ist verpönt.

Küche anderer Länder

Oder speisen Sie lieber deutsch, italienisch, amerikanisch, thailändisch, französisch, japanisch? Wie sehr sich Peking zur Weltstadt mausert, macht sich vielleicht am angenehmsten daran bemerkbar, dass internationale Kochkünste inzwischen in großer Vielfalt angeboten werden, und zwar nicht mehr nur in teuren Luxushotels, sondern auch in gemütlichen, preiswerten privaten Lokalen. Lassen Sie sich von den Vorschlägen weiter hinten in diesem Kapitel animieren. Das China von heute ist internationaler, als Sie denken!

Getränke

Anders als in Südchina wird zum Essen kein Tee gereicht – man kann Ihnen freilich meist wel-

---

MARCO POLO TIPPS FÜR RESTAURANTS

1 Fangshan
Kaiserliche Speisen im kaiserlichen Lustschloss (Seite 54)

2 Phrik Thai
Teuflisch scharf und himmlisch gut (Seite 58)

3 Quanjude Kaoya Dian
Pekingentenhaus mit tollem Ambiente und Sparversion (Seite 55)

4 Ritan Fanzhuang
Geschwungene Dächer, Gartenblick und Sichuan-Küche. Mondschein gefällig? (Seite 55)

5 Shan Fu
Koreanisch grillen in dezent-modernem Interieur (Seite 59)

6 Sichuan Douhua Restaurant
Das Schlemmerlokal der endlosen Menüfolgen (Seite 55)

7 Si He Xuan
Liebenswürdig: Pekinger Volksküche vom Hotelkoch (Seite 57)

8 Tianshi
Nicht Fisch, nicht Fleisch – oder doch? Der freundliche Vegetarier (Seite 57)

chen besorgen, wenn Sie es wünschen. Das Standardgetränk, das hervorragend zu nordchinesischer wie auch zur Sichuan-Küche passt, ist vielmehr das leichte chinesische Bier *(pijiu)*. Beim Wein *(putaojiu)* hat die Auswahl an anständigen trockenen Tischweinen stark zugenommen, doch erhält man ihn in Lokalen selten vernünftig gekühlt. Als nicht alkoholische Kaltgetränke sind überall Limonade *(qishui)* und Cola *(Kele)* zu haben, meist auch Mineralwasser *(kuangquanshui)*. Abgesehen von Bier vom Fass, das deutlich teurer ist als Flaschenbier, werden kalte Getränke stets flaschen- bzw. dosenweise serviert. Dies gilt auch für Schnaps *(shaojiu)*, sofern dieser bei größeren Gesellschaften nicht Teil des Menüs ist und dann von den Kellnern eingeschenkt wird. Am berühmtesten ist der Maotai, ein hochprozentiger und sehr aromatischer Hirseschnaps aus dem Süden. Noch höher als seine Qualität ist freilich sein übertriebener Preis. Andere Verdauungsschnäpse dagegen sind auch der Geldbörse bekömmlicher und z. T. durchaus wohlschmeckend. Sehr angenehm zum Beispiel ist der grüne, leicht süßliche Bambusblattschnaps *Zhuyeqing* mit seinem feinwürzigen Aroma. Daneben gibt es allerlei exotische Rachenputzer, bei denen auf den Etiketten ganz im Sinn der stets gesundheitsbewussten Chinesen zuweilen sogar der medizinische Nutzen gepriesen wird. Bekommen Sie unterwegs Durst, so sind im Sommer frische Früchte ideal, die auch verzehrfertig geschält oder aufgeschnitten angeboten werden (z. B. Wassermelonen).

Köstlich ist Trinkjoghurt *(suannai)*, der mit dem Strohhalm aus hellgrauen Keramikbecherchen getrunken wird und, gewöhnlich leicht gekühlt, an fast jedem Kiosk zu finden ist.

Frühstück und Nachmittagskaffee

Ein Thema für sich ist das chinesische Frühstück, das die meisten Ausländer zu Unrecht mit Argwohn betrachten. Hauptbestandteil ist eine gute Schale Reissuppe, dazu verzehrt man eingelegtes Gemüse, ein Ei und vielleicht etwas Dörrfleisch – eine nahrhafte Kombination, die lange vorhält. In den Hotels (ab drei Sterne) wird generell ein internationales Frühstücksbüfett aufgebaut, das neben Toast, Marmelade, Obstsäften, Kaffee, schwarzem Tee, englischen *ham and eggs* und dergleichen auch Chinesisches bietet, so dass man ganz nach Belieben kombinieren kann.

Für alle, die die Zeit ab 16 oder 16.30 Uhr, wenn die Sehenswürdigkeiten und Museen schließen, bis zum Abendessen gern mit Kaffee und Kuchen oder einem Drink überbrücken möchten, sind die internationalen Hotels und die Ausländerbars in Sanlitun (**113/F 4**) die beste Adresse. Freundlich-hell und zentral gelegen ist das *Red Wall Café* des Grand Hotel, *Dong Chang' an Jie 33* (**116/B 3**). Wollen Sie noch in den Freundschaftsladen, so können Sie auch dort Kaffee trinken. Beste Wahl an der Einkaufsmeile Wangfujing ist das *Délifrance* im Laden Nr. 237 im riesigen Dong'an-Einkaufstempel (**116/B-C 2**). Nirgends sonst bekommen Sie so leckere Sachen für so wenig Geld.

Teehäuser

Die einstige Teehauskultur der Hauptstadt tut sich etwas schwer mit der Wiederbelebung. An vielen Orten, die sich für ein Teehaus in schöner Umgebung anbieten – so im Kaiserpalast oder an den nördlichen Seen – sucht man bislang vergebens.

Tee in klassischem Ambiente, bei schönem Wetter an der frischen Luft mit Seeblick, bieten die *Teehäuser im Beihai-Park (eines im Südosten der Insel Qiongdao, eines am Nordufer des Sees).* Sehr sympathisch, aber wenig besucht ist das Teehaus im Obergeschoss des *Sanwei Bookstore, Fuxingmennei Dajie 60 (gegenüber vom Minzu Hotel).* Ähnlich liebenswert, aber professioneller, was die Vielfalt des Angebots und den Service angeht, ist das *Ancient People Tea House im Erdgeschoss des Wangfujing Grand Hotel, Wangfujing 57.* Es serviert ausschließlich feine Tees aus Taiwan. Für eine Rast beim Stöbern in der Antiquitätengasse Liulichang bieten sich das *Bofu-Teegeschäft, Ost-Liulichang 71 (mit Verkauf)* sowie die Teestube im *Jigu Ge, Ost-Liulichang 132-136 (an der Marmorbrücke)* an.

CHINESISCHE KÜCHE

*Kategorie 1
(Essen pro Person über 120 Yuan, ohne Getränke)*

Die Gourmettempel von Peking

Justine's (117/F3)

Das französische Restaurant des Jianguo-Hotels steht bei Pekings Europäern seit Jahren weit oben auf der Beliebtheitsskala. Das Mittagsmenü liegt bei 180 Yuan. Abends ist mit dem Doppelten zu rechnen. *Tgl. 12–14.30, 18–22.30 Uhr, Jianguomenwai Dajie 5, Tel. 65 00 22 33, App. 8039*

Summer Palace (117/F3)

Pekings führendes Kanton-Restaurant präsentiert chinesische Kochkunst in Perfektion. Die Séparées sind ideal zum feiern von Geschäftsabschlüssen. Ab 200 Yuan pro Person, bei teuren Spezialitäten deutlich mehr. *Tgl. 11.30–14.30, 18 bis 22.30 Uhr, China World Hotel, Jianguomenwai Dajie 1, Tel. 65 05 22 66, App. 34*

Symphony (113/F3)

Das kulinarische Flaggschiff des Kempinski Hotels serviert europäisch-internationale Delikatessen. Mittagstisch um 130 Yuan. Abends à la carte mindestens das Doppelte. *Tgl. 12–14, 18–22 Uhr, Liangmaqiao Lu 50, Tel. 64 65 33 88, App. 4156*

Yuen Tai (113/F3)

Sichuan-Küche mit Blick über die Stadt. Abends erklingt klassische chinesische Musik – natürlich live. An sich reichen 120 Yuan pro Person, doch man kommt wegen der teuren Spezialitäten – Schwalbennester, Abalone – und zahlt dann glatt das Dreifache. *Tgl. 11.30 bis 14, 18–22 Uhr, Donghuan Beilu, Great Wall Sheraton, Tel. 65 00 55 66, App. 2162*

Essen wie Gott in China im Daijia Cun Restaurant

Daijia Cun (116/C 5)

Yunnan-Küche als Erlebnisgastronomie. Mit reichlich Bambus entstand ein fast tropisch wirkendes Ambiente. Grazile Kellnerinnen in Folkloretracht servieren Gerichte aus dem Bambusrohr. Auch Wildpilze aus Yunnan sind zu haben. Dazu trinkt man milden, milchigen Reiswein und genießt den Anblick anmutiger Tänze der an Chinas Südgrenze beheimateten Tai-Nationalität. *Tgl. 11.30–14, 17.30–20.30 Uhr, Tiyuguan Lu 13, Tel. 67 14 01 45*

Dasanyuan (112/A 5)

Renommiertes altes Kantonrestaurant am Fuß des Kohlehügels. Spezialitäten sind Schildkröten- und Schlangenfleisch. Außerdem ist es berühmt für Huhn »Dongjiang« und für das Spanferkel, dessen knusprige Einzelteile in Ferkelform arrangiert auf den Tisch kommen. Bei anderen Gerichten ist das Lokal eine Kategorie billiger. Wer zu Sonnenaufgang und Frühsport nebenan auf dem Kohlehügel war, sollte hier zum preisgünstigen Dim-sum-Frühstück einkehren. Außerdem liegt das Dasanyuan ideal fürs Mittagessen nach dem Besuch des Kaiserpalastes, wenn man ihn durch das Nordtor verlässt. *Frühstück Mo bis Sa 7.30–10.30 Uhr, übrige Küche 11–14, 17–22 Uhr, So ab 10 Uhr, Jingshan Xijie 50, Tel. 64 01 39 20*

Fangshan (112/A 5)

★ Als der letzte Kaiser 1924 endgültig aus der Verbotenen Stadt vertrieben wurde, waren seine Köche plötzlich arbeitslos. Fünf taten sich zusammen und richteten 1925 in einem Lustschlösschen am Ufer des Beihai ein Teehaus ein. Dort befindet es sich noch heute – Chinas berühmtestes Restaurant mit authentischer Palastküche, von der sieben- bis achthundert Rezepte überliefert sind. Ein bis zwei Dutzend davon lernt man bei einem Besuch auf jeden Fall kennen, zählt das Fangshan doch zu den Lokalen, in denen man nicht einzelne Gerichte, sondern ganze Menüs bestellt. Für 100 Yuan pro Person sind Sie dabei, üblicherweise gibt man allerdings mehr aus – ab 200 bis 650 Yuan pro Person – und kommt mindestens zu viert, um dem festlichen Rahmen gerecht zu werden. Tischwäsche, Geschirr und Dekor sind in edlem Kaisergelb gehalten. *Tgl. 11.30–13.30, 17 bis 19.30 Uhr, im Beihai-Park, Nordseite der »Jadeinsel« Qiongdao, Tel. 64 01 18 89 und 64 01 18 79*

Quanjude Kaoya Dian   (116/A 4)

★ Mit dem Namen des 1864 gegründeten berühmtesten Pekingentenrestaurants der Hauptstadt schmücken sich mehrere selbstständige Etablissements. Dieses aber hat die Nase vorn mit einem tollen Ambiente und der aufwendigen Zubereitung der Ente über Holzfeuer. Wahre Gourmets ohne Terminsorgen ordern das Kaiserliche Entenmenü mit seinen 168 Gängen: Es geht über sechs Mahlzeiten an drei Tagen. Vorn an der Straße liegt die ausnehmend preisgünstige Schnellimbiss-Filiale. *Tgl. 11–13.30, 16.30–20.30 Uhr, Schnellimbiss 10–22 Uhr, Qianmen Dajie 32 (Hauptrestaurant im Torweg), Tel. 65 11 24 18, U-Bahn Qianmen*

Windows on the World   (117/E 3)

〰️ Kantonrestaurant mit Musik und Aussicht. Küche und Service sind hier seit Jahren von beständiger Qualität. Zu den teuren Spezialitäten zählt frischer Fisch. Je nach Auswahl können Sie aber auch eine Kategorie billiger speisen. Unorthodox, aber gut: kantonesische Vorspeisen *(dim-sum)* mit Pekingente kombinieren!

Tgl. 11.30–14.30, 17.30–22 Uhr, 28. Stock des CITIC Building, Jianguomenwai Dajie 19, Tel. 65 00 22 55, App. 2828, U-Bahn Jianguomen

Kategorie 2
(Essen pro Person 60 bis 120 Yuan, ohne Getränke)

Ritan Fanzhuang   (117/E 2)

★ In dem großen Sichuan-Restaurant speist man ebenerdig in klassischer Architektur, deren Bauten sich um einen hübschen Hof mit Gartenblick gruppieren – an warmen Abenden der schönste Platz in Peking, um unter freiem Himmel zu dinieren; dann trifft sich hier die halbe Ausländergemeinde der Stadt. Trinken Sie *babao cha* (Acht-Früchte-Tee). Köstlich schmecken die Jakobsmuscheln mit Erdnüssen. *Tgl. 11–14, 17.30–20 Uhr, im Sommer bis 22 Uhr, SW-Ecke des Ritan-Parks (Zugang von Süden), Tel. 65 00 58 83*

Sichuan Douhua Restaurant   (117/E4)

★ Sichuan-Küche. Endlich mal ein Lokal, in dem man sich quer durch die (südwest-)chinesische Kochkunst schlemmen kann, ohne gleich mit einem Kegelverein anrücken zu müssen. Schon für zusammen unter 40 Mark erhalten zwei Personen im Obergeschoss ein Mittagsmenü aus 13 Gängen in Miniportionen. Doch auch für Gruppen ist das Haus ideal: Auf der obersten Etage tafelt man in stilvoll dekorierten Gaststuben. Selten bekommt man soviel lukullischen Genuss fürs Geld wie hier. *Tgl. 11–13.30, 17–20.30 Uhr, Guangqumenwai Dajie 27, Tel. 67 71 83 92*

Sunflower Village
Food Street (U/C 4)

Speisen ländlich-sittlich wie in den Siebzigerjahren. In vielen der ebenerdig um einen Hof gruppierten Räume nimmt man auf dem Ofenbett, dem Kang, Platz. Die Wände sind mit Zeitungen aus der Kulturrevolution, mit Scherenschnitten oder ähnlich nostalgischem Schmuck dekoriert. Die Mandschu-Küche wartet mit vielen Kuriositäten auf: gesottenen Zikaden etwa (fade), Ameisen oder kalten Vorspeisentellern mit Baumblättern und Kräutern. Lecker ist der Mais mit Pinienkernen. Das Lokal ist bei Filmleuten und Schauspielern beliebt. *Tgl. 11–14, 17–21 Uhr, Wanquanhe Lu 51 (Nähe Sommerpalast), Tel. 62 56 29 67*

Tuanjie Hu Beijing Roast Duck
Restaurant (113/F 4–5)

Hierher kommt man nicht wegen des Rahmens, sondern wegen der Ente: Das Lokal rühmt sich, das Einzige in Peking zu sein, das die Vögel nicht schon prophylaktisch in den Rauchfang

hängt, sondern erst nach Eingang der Bestellung – und zwar über Holzfeuer. Kalkulieren Sie daher etwa 45 Minuten Wartezeit ein. Serviert wird die Ente auf dreierlei Weise. Damen zum Beispiel erhalten Zucker zum Einstippen der krossen Haut. *Tgl. 11–14, 17–21.30 Uhr, Tuanjiehu Beikou 3 (an der 3. Ringstraße gegenüber vom Zhaolong-Hotel), Tel. 65 82 28 92*

*Kategorie 3
(Essen pro Person unter 60 Yuan, ohne Getränke)*

Kaorou Ji (112/A 4)

Mongolisch. Wenn Sie chinesischsprachige Begleitung auftreiben können, sollten Sie hier einmal speisen, und zwar auf einem Fensterplatz im Obergeschoss mit Blick auf den Vorderen See. Das Lokal ist berühmt für sein gegrilltes Lammfleisch, das man mit kleinen Sesambrötchen verzehrt, für sein Entenfleisch und für den süßen Nachtisch *Tasimi.* Am oberen Ende der Kategorie. *Mo–Fr 11–13.30, 17–20.30 Uhr, Sa 11–20.30 Uhr,*

Dachgetier und Geistermauern

Vor allem im Kaiserpalast fallen sie ins Auge: die Figuren auf den Dachgraten. Der verdickte obere Teil des Grates läuft in einem Drachenkopf aus. Davor sitzen von unten nach oben ein Unsterblicher, der auf einem Phönix reitet, und eine Reihe von (Fabel-) Tieren. Die maximale Zahl von zehn findet man nur auf den größten Palastbauten. Alle Gestalten gelten als Segen bringend für Haus und Bewohner. Ähnlich die Wesen, die den First in ihren aufgerissenen Mäulern halten: Sie haben vor allem Blitzschlag und anderes Unwetter abzuhalten. Dem Schutz der Bewohner dienen anderenorts auch die Geistermauern, die den Eingang optisch versperren – angeblich können böse Geister nur geradeaus gehen. Bei Tempeln stehen diese Mauern etliche Meter vor dem Tor meist auf der anderen Straßenseite und haben vor allem eine ästhetische Funktion.

---

*So 11–20 Uhr, Di'anmenwai Qian-
hai Dongyan 14, Tel. 64 04 25 54*

Kelai'er (116/C 4)

China modern: eine Art
Schnellimbiss für die arrivierte
Jugend, aber mit Bedienung, be-
quemem Gestühl und englischer
Karte in einem der schicken
neuen Einkaufszentren, daher
obendrein klimatisiert. Während
von unten die Fernsehabteilung
kakophonisch heraufschallt, ver-
kürzt eine Großbildvideowand
das Warten auf die einfachen,
aber anständigen Gerichte zum
Sattwerden – z. B. Bratnudeln –
für bloß 10 bis 20 Yuan. Auch diverse Obstsäfte sowie richtiger
Kaffee (teuer) sind zu haben. *Tgl.
10–21.30 Uhr, New World Centre,
1. Stock, Chongwenmenwai Dajie 3*

Ming Jiaozi Canguan (113/F 2-3)

Unter den Privatlokalen, die sich
zwischen Lufthansa Center und
Hilton reihen, ist dieses das beste
für *jiaozi*-Teigtaschen – der wenig
dezente Name trifft's insofern
durchaus: »Restaurant zu den
berühmten Jiaozi«. Erkennen
können Sie es an drei großen chinesischen Zeichen mit Budwei-
ser-Reklame an beiden Seiten.
Zur Auswahl gibt's etliche Sorten
– gekochte und gedämpfte –, darunter vegetarische und solche
mit Meeresfrüchtefüllung. Dazu
werden Sojasoße, Essig und verschiedene Gewürztunken gereicht. Englische Karte. *Tgl. 11
bis 23 Uhr, Sanhuan Beilu, Tel.
64 66 92 97*

Sichuan Hometown Restaurant (117/E 3)

Die freundliche Privatgaststätte
ist seit Jahren auf ausländische
Kundschaft eingestellt und hat
doch ihren schlichten Charme
und ihr niedriges Preisniveau be-
wahrt. Sommers sitzt man draußen unter Bäumen mit Blick auf
eine Gasse, die tagsüber ein Gemüsemarkt belebt. Nicht versäumen: das köstliche Mapo Dou-
fu! Leider liegt das Lokal sehr
versteckt: Gehen Sie die Nebenstraße südlich gegenüber vom
Freundschaftsladen bis zur nächsten Kreuzung, dann links und die
zweite Gasse wieder links; nach
einer Rechtskurve liegt das Lokal auf der linken Seite (neben
dem Postamt). *Tgl. 9.30–24 Uhr,
Jianguomenwai Yong'an Xili, Tel.
65 95 76 88*

Si He Xuan (117/F 3)

★ Ein Hotelrestaurant – aber
keins wie die anderen. Der Name »Hofhausstübchen« sagt es:
Hier wird im liebenswürdig-
schlichten Ambiente eines imi-
tierten Pekinger Hofhauses –
freilich hoch auf der Etage – typische chinesische Volksküche serviert, zu einem Drittel der Preise, die sonst in Hotels üblich sind,
aber vom selben Standard, was
Service, Sauberkeit und Ausstattung angeht. Probieren Sie Nudeln *(dandan mian)*, Teigtaschen
(jiaozi) oder eingelegtes Gemüse.
Abends empfiehlt sich mongolischer Feuertopf. Vorsicht: happi-
ge Fassbierpreise! *Tgl. 11.30 bis
14, 17.30–2.30 Uhr, im Jinglun Hotel, 4. Etage, Jianguomenwai Dajie 3,
Tel. 65 00 22 66, App. 8116*

Tianshi (116/C 2)

★ Engagierte junge Leute haben
dieses helle und freundliche vegetarische Restaurant ins Leben
gerufen. Serviert werden er-
staunliche Fleisch- und Fischimi-
tationen und knackiges Gemüse.

Nach buddhistischer Tradition gibt es keinen Alkohol: Was an »beer« und »wine« auf der Karte steht, sind Fruchtsaftcocktails. Man ist auf Ausländer eingestellt. *Tgl. 10.30–23 Uhr, Dengshikou 57, Tel. 65 24 24 76*

KÜCHE ANDERER LÄNDER

Westliche Küche findet sich in allen guten Hotels. Je höher die Übernachtungsprcise, desto teurer und desto besser sind gewöhnlich auch die Kochkünste. Kulinarisch führend sind das Palace Hotel, das Kempinski und das China World. Mittags wird oft ein preiswerter *business lunch* angeboten.

Kategorie 1
(Essen pro Person über 80 Yuan, ohne Getränke)

Bistrot des Châteaux (117/F 3)
Der überkandidelte Name ist das einzige Alberne an diesem ungewöhnlich preisgünstigen Hotelrestaurant mit italienisch-französischer Küche und netter Bedienung. Selbst bei den Getränkepreisen hat man Milde walten lassen. Besonders schön sind die Tageslichtplätze in den Fensternischen. Abends wird Musik gemacht. *Tgl. 11–2 Uhr, im Jinglun Hotel (Erdgeschoss), Jianguomenwai Dajie 3, Tel. 65 00 22 66, App. 53 54*

Metro Cafe (113/E 5)
Kleines italienisches Restaurant mit freundlicher Atmosphäre. Die Karte verzeichnet die diversen selbst gemachten Pastasorten und die verschiedenen Zubereitungsarten bzw. Soßen getrennt, Sie müssen also die gewünschte

Kombination selbst herausfinden. Schön umgrünte Terrasse. *Mo–Fr 11.30–14, 17.30–23 Uhr, Sa, So 11.30–23 Uhr, Küche bis 21.50 Uhr, Gongrentiyuchang Xilu 6 (westlich gegenüber vom Arbeiterstadion), Tel. 65 91 78 28*

Kategorie 2
(Essen pro Person unter 80 Yuan, ohne Getränke)

Kebab Kafe (113/F 4)
Was hat die chinesische Wirtin von ihrem langjährigen Deutschlandaufenthalt mitgebracht? Deutsche Multikultiküche! Das geht von französischer Zwiebelsuppe über italienische Lasagne, urdeutschen Schinkennudelsalat und schwäbische Käsespätzle bis zu griechischem Moussaka und Zaziki. Im Winter gibt's sogar Glühwein. Auch deutsche Zeitschriften liegen aus. Das Lokal ist kinderfreundlich, die Qualität verlässlich. Internationale Frühstückskarte. *Tgl. 7.30–23 Uhr, Frühstück bis 11.30 Uhr, Sanlitun Lu, gegenüber von Nr. 46, Tel. 64 15 58 12*

Phrik Thai (117/F 6)
★ Warum sollten Sie in Peking ausgerechnet thailändisch essen? Die Antwort gibt die Küche, aber melden Sie sich rechtzeitig an. Das winzige Lokal ist immer gerammelt voll, ein Renner unter den Pekinger Langnasen. Teuflisch scharf und himmlisch gut: die Tom-Yam-Kung-Suppe, sehr lecker auch die Broccoliröschen mit Hummerkrabben und der Mangosalat – um nur drei Beispiele zu nennen. *Tgl. 11.30–14, 17.30–22 Uhr, Chaoyang Lu (schräg gegenüber vom Jingguang Centre), Tel. 65 86 97 26*

In den Garküchen können Sie gut und preiswert essen

Shan Fu (111/E–F 3)

★ Koreanische Küche, aber auch chinesische Gerichte und mongolischer Feuertopf, alles sehr lecker. Das private Lokal liegt auf einem künstlichen Hügel am See Jishuitan und erfreut mit einem dezent-modernen Interieur.

Auch einzelne Esser fühlen sich hier wohl, obwohl das typisch koreanische Grillfleisch natürlich zu mehreren immer am besten schmeckt. Ideal als Abschluss des Spaziergangs Nr. 2. *Tgl. 11–22, Küche bis 21 Uhr, Deshengmenxi Dajie, Huitong Ci, Tel. 66 18 03 62, U-Bahn Jishuitan*

GARKÜCHEN UND IMBISSE

Die früheren Freiluft-Garküchenmärkte, als »hauptstadtunwürdig« eingestuft, wurden fast alle abgeschafft oder zu Minirestaurantzeilen verwandelt. Neuester Trend: Garküchenmärkte in Gebäuden.

Dong'anmen-Nachtmarkt (112/B 6)

Leckereien aus allen Regionen des Landes an kleinen Imbissständen unter freiem Himmel. *Tgl. 18–23, im Winter bis 21 Uhr, Dong'anmen Dajie*

Yanrongzhou Meishicheng (116/B 2)

Der klimatisierte Garküchenmarkt im Keller des Kunsthandwerkskaufhauses erfreut mit einem traditionellen Teehausambiente. An den Tresen sind fertige Gerichte ausgestellt. Zeigen Sie auf das, was Sie möchten. Sie erhalten einen Coupon mit Preisangabe, zahlen an einer der Kassen in der Raummitte (beim Getränkeausschank), geben den gestempelten Coupon dann an »Ihrem« Stand wieder ab und nehmen Platz. Die Speisen werden gebracht. Nettes, hilfsbereites Personal. Die Preise: unschlagbar billig. *Tgl. 10.30–14.30, 16.30–20.30 Uhr, Wangfujing 200*

Shopping mit Pfiff

Peking ist eine Stadt des Kunstgewerbes,
und die Auswahl ist riesig

Kunst hat in Peking Tradition. Nicht nur die Kaiser hatten einst unerschöpflichen Bedarf an möglichst raffinierten und kostbaren Dingen, sondern auch die Beamtenelite des konfuzianischen Staates, ästhetisch hochgebildet, umgab sich gern mit schönen Gegenständen und wusste Antiquitäten zu schätzen, die hier von alters her gehandelt werden.

Generell ist das Preisniveau eher niedrig, und je arbeitsaufwendiger eine Ware in der Herstellung ist, um so mehr profitiert man als Käufer von den niedrigen Löhnen. Cloisonné etwa, aus europäischer Herstellung fast unbezahlbar, kostet hier in gleicher Qualität nur ein Zehntel. Teurer als anderswo sind lediglich Importwaren – touristisch relevant sind vor allem die hohen Preise für Markenfilme – sowie gute Antiquitäten.

Der Einkauf hochwertiger Ware (z. B. Antiquitäten, Jade) ist für den Laien, der den Wert eines Stückes nicht gut beurteilen kann, stets mit einem gewissen Risiko behaftet. Vor allem solche Läden, in die man bei Pauschalreisen zwangsweise

»eingeliefert« wird, verstehen sich aufs Abkassieren. Andererseits gibt es immer mehr Möglichkeiten zu feilschen.

Die für Ausländer ergiebigsten Einkaufsgegenden sind die Hauptgeschäftsstraße Wangfujing (**116/B 1–3**) mit ihrem bunten Branchenmix, die Antiquitätengasse Liulichang (**115/F 4**) sowie Jianguomenwai mit dem Freundschaftsladen, weiteren Kaufhäusern und einem Textilmarkt (**117/E–F 3**). Haupteinkaufsstraßen für Einheimische sind neben der Wangfujing auch Dongdan (**116/C 2–3**), Xidan (**115/E 2**) und – mit traditionellem Flair – Qianmen Dajie (**116/A 4**). Qualitativ besonders hochwertig ist in jedem Fall das Warenangebot der Hotelläden.

ANTIQUITÄTEN UND KUNST

Der Export von Antiquitäten unterliegt strengen Bestimmungen. Echte Altertümer dürfen ebenso wenig ausgeführt werden wie neue Kunst, sofern sie dem nationalen Kulturerbe zugerechnet wird. Exportfähige Stücke tragen ein rotes Siegel und bedürfen ferner einer schriftlichen Exportgenehmigung. Wer im staatlichen oder lizenzierten privaten Antiquitätenhandel kauft,

Farbenpracht und gediegener Glanz im Seidengeschäft Ruifuxiang

erhält beides meist automatisch. Beim Erwerb von anderer Seite ist nie sicher, ob eine nachträgliche Exportgenehmigung erreicht werden kann. Alle, die Spaß am Feilschen haben und entweder Kenner sind oder das Risiko, übers Ohr gehauen zu werden, nicht scheuen, finden jedoch bei den privaten Antiquitätenhändlern, vor allem aber auf den Antik- und Flohmärkten ein reiches Betätigungsfeld.

Antik- und Flohmärkte

Die *Beijing Curio City,* ein kaufhausartiger Komplex mit riesigem Lichthof, ist die sterile (freilich ebenso angenehm saubere wie klimatisierte) Neufassung einer einstigen kleinen Budenstadt. Ungünstig gelegen, ist sie doch für echte Interessenten sehr lohnend. Lassen Sie sich nicht vom Erdgeschoss abschrecken, in dem Kleidermode und neues Kunsthandwerk verkauft wird: Auf den drei Obergeschossen finden sich über 100 private Antiquitätenlädchen, seriös und keineswegs billig. Abgesehen von ein paar Spezialisten für Teppiche oder Steine verkaufen alle alles. *Dongsanhuan Nanlu, 1300 m südlich der Jinsong-Lu-Einmündung* (**117/F 6**)

Der in den alten Freiluft-Tagen exotisch-pralle ★ *Hongqiao-Markt* musste ebenfalls in einen Neubau umziehen. Für ihn spricht nach wie vor die Nähe zum Himmelsaltar. Die ins 2. Obergeschoss gepferchten Händler bieten eine Mischung

---

MARCO POLO TIPPS FÜRS SHOPPING

1 Tianhong-Markt
Bonsais, Rembrandts, Mammutvasen – Phantastisches für Haus und Garten (Seite 66)

2 Rongbao Zhai
Gelehrtenbedarf für Millionäre und Kunstgenuss gratis (Seite 63 und 65)

3 Shichahai-Markt
Antiquitätenverkauf mit Seeblick (Seite 63)

4 Liulichang
Die Gasse der Kunst- und Antiquitätenhändler (Seite 63)

5 Hongqiao-Markt
Tuschbilder? Gerupfte Hühner? Perlenschnüre? Radios? Alles! (Seite 62)

6 Panjiayuan-Markt
Ob Antikes, ob Gefälschtes: Der Wochenend-Flohmarkt ist ein Sammlerdorado (Seite 63)

7 Chaowai-Markt
Chinesisch-klassisch: Schränke, Stühle, Tische (Seite 67)

8 Freundschaftsladen
Riesenauswahl, vor allem beim Kunsthandwerk (Seite 64, 65, 66, 67)

9 Xiushui-Seidenmarkt
Billige Seidenwaren beim Freundschaftsladen (Seite 66)

10 Tee
Feine Chinatees mit Verkostung (Seite 67)

aus Antikem und Trödel, hervorragend zum Stöbern, doch als Laie sollte man hier besser nicht viel ausgeben. Das Preisniveau ist freilich niedrig. *Tiantan Lu, nördlich gegenüber vom Osttor des Himmelsaltar-Parks* (**116/C5**)

Falls Sie an der Wangfujing wohnen, machen Sie doch einen kleinen Bummel zum nahe gelegenen *Huangchenggen-Markt,* wo zwischen Gemüsehändlern und Imbissstuben auch ein paar Händler Antikes und Trödel in kleinen Buden feilhalten. *Dong Huangchenggen Nanjie* (**116/B1–2**)

Der ★ *Panjiayuan-Markt* ist der lohnendste von allen. Nur samstags und sonntags von morgens früh bis zum Nachmittag schlagen hier an die zweitausend Händler, die zum Teil aus einigen Hundert Kilometern Entfernung anreisen, ihre Stände auf. Bauern halten Antikes aus Familienbesitz feil, Sammler verkaufen Stücke, um mit dem Erlös andere Preziosen zu erwerben, und auch professionelle Händler sind vertreten. In festen Buden werden Tuschbilder und antiquarische Bücher verkauft, daneben gibt es auch neues Porzellan und den typischen Flohmarkttrödel. Bringen Sie genügend Stehvermögen auf, so besuchen Sie auch die Beijing Curio City und den Chaowai-Möbelmarkt, die beide ganz in der Nähe liegen. *Panjiayuan Lu, Ecke Dritter Ring* (**117/F6**)

Der ★ *Shichahai-Markt* ist zwar klein, mit dem Blick aufs Wasser jedoch besonders schon gelegen. *Qianhai-Westufer (gegenüber vom Beihai-Nordtor)* (**112/A4**)

Liulichang   (115/F4)

★ Die Kunst- und Antiquitätengasse schlechthin, und das seit Kaisers Zeiten. In den im alten Stil neu errichteten Bauten finden sich vor allem renommierte, teure Läden für Gemälde, Kalligrafie, Jade, Porzellan, Cloisonné, Schnitzereien und anderes. Meist in zweiter Reihe liegen die Lädchen von Privathändlern. Für eine Rast bei einigen Tassen feinen Tees bieten sich das Bofu-Teegeschäft *(Liulichang-Ost 71)* und das Jiguge-Teehaus *(an der Fußgängerbrücke)* an. Hier die interessantesten Läden:

Guanfu Zhai: Spezialist für alte Möbel und Holzschnitzereien. Betörend schöne Fenster und Türflügel sowie Schrank- und Bettenzierrat, auch Stickereien. Edel und teuer. *Liulichang-West 22*

Jiguge führt die größte Auswahl an Repliken von Kunst früherer chinesischer Dynastien, beispielsweise lebensgroße Terrakottakrieger, tangzeitliche Grabwächter und Hofdamen, aber auch echtes altes Porzellan und neues Kunsthandwerk. *Liulichang-Ost, an der Fußgängerbrücke*

★ *Rongbao Zhai:* Die »Kammer ruhmreicher Schätze« ist Pekings bedeutendste Kunsthandlung. Verteilt auf mehrere Gebäude, werden hier vor allem teure Gemälde renommierter Künstler der Gegenwart geführt. Kein kunstinteressierter Pekingreisender sollte sich eine Besichtigung dieser Werke entgehen lassen. Eine Spezialität des Rongbao Zhai sind die Farbholzschnitte, die das Geschäft in einem aufwendigen Verfahren selbst herstellt. Teuer. *Liulichang-West 19–49, U-Bahn Hepingmen*

Sanlitun Lu   (113/F4)

Die Kneipenpiste ist auch eine Galerienstraße, lohnend für

preiswerte moderne Grafik und Bauernmalereien.

Wan Fung Art Gallery (116/B 2)

Interessante Privatgalerie für aktuelle, marktgängige Kunst. *Nan Chizi Dajie 136 (auf dem Gelände des Kaiserlichen Archivs)*

BRIEFMARKEN

(112/C 2) Auf dem Gelände des Erdaltarparks findet sich gleich neben dem Nordtor eine Budenzeile mit Briefmarkenhändlern.

DRACHEN

Ob als Vogel, Schmetterling oder Libelle geformt: Eine große Auswahl der bunten Flieger führt der ★ *Freundschaftsladen,* alles in Heimarbeit gebaut und kunstvoll in kleinen Schachteln verstaut. *Jianguomenwai Dajie 17, U-Bahn Jianguomen* (117/E 3)

GELEHRTEN- UND KÜNSTLERBEDARF

Jedes bessere Kaufhaus, jedes Schreibwarengeschäft und viele Kunstgewerbeläden verkaufen Dinge der klassischen Gelehrtenkultur, die durch Kugelschreiber und Computer noch nicht verdrängt werden konnten.

Bei den Pinseln reicht das Spektrum von bleistiftfeinen Exemplaren für die persönliche Korrespondenz bis zu unterarmdicken Künstlerpinseln für großflächige Kalligrafien. Die Pinselherstellung ist ein spezielles Gewerbe und erfordert viel Sorgfalt. Besonders gute Stücke sind denn auch recht teuer. Die Tusche, mit der geschrieben und gemalt wird, kommt in Form von mindestens feuerzeuggroßen und zuweilen künstlerisch gestalteten Blöcken, die erst mit Wasser zerrieben werden müssen. Die hierzu verwendeten Reibsteine aus schwarzem Basalt können klein, schlicht und billig sein, doch gibt es auch reich verzierte, riesige und sündhaft teure Exemplare. Auch ein spezielles Papier ist erforderlich, das saugfähig sein, aber die Tusche nicht verlaufen lassen soll. Zum weiteren Schreibtischzubehör, oft ebenfalls künstlerisch gestaltet, zählen Pinselständer, Pinseldosen aus Porzellan, in denen man die Pinsel bei Nichtgebrauch abstellt, Wasserkännchen und Porzellanschalen zum Auswaschen der Pinsel.

Ebenso wichtig wie diese Utensilien sind die Siegelstempel, deren Abdruck (vorwiegend der Name des Besitzers) in Ostasien das gleiche dokumentarische Gewicht hat wie eine persönliche Unterschrift. Der Wert des Stempels hängt in erster Linie vom Stein ab. Das Eingravieren der Zeichen – meist in archaischer Siegelschrift – ist dagegen billig. Im Freundschaftsladen und an anderen Stellen – so auch am Beginn der Liulichang-West – kann man sich als Ausländer einen chinesischen Namen geben und als Andenken seinen ganz persönlichen Siegelstempel anfertigen lassen. Dazu gehört dann noch ein Porzellandöschen mit roter Stempelfarbe.

In der Antiquitätenstraße Liulichang gibt es mehrere Läden für Gelehrtenbedarf, darunter das alteingesessene *Yide Ge,* in der *Liulichang-Ost 67* (115/F 4). Die führende Adresse ist freilich die

Kunsthandlung ★ *Rongbao Zhai, Liulichang Xijie 19* (**115/F 4**). Hier erreicht der Preis von Tuschblöcken vierstellige, von Stempeln fünfstellige und von Reibsteinen sechsstellige Beträge!

JADE

In China genießt sie seit je höchste Wertschätzung. Schon die Insignien der Shang-Könige vor über 3000 Jahren wurden daraus gefertigt. Konfuzius sah in der Jade seine moralische Weltsicht verkörpert. »Glatt und glänzend, gleicht sie der Güte; hart und dicht, gleicht sie der Verstandeskraft; klar geschnitten, doch nicht schneidend, gleicht sie der Gerechtigkeit; von klarem Klang, gleicht sie der Musik; ihre Makel nicht verbergend, gleicht sie der Wahrhaftigkeit; von schönem Äußeren, gleicht sie der Vertrauenswürdigkeit«, soll er befunden haben. Mineralogisch gesehen handelt es sich meist um Nephrit. Für Schmuck wird auch das härtere und kostbarere Jadeit verwendet. Grün bis Weiß sind die Grundfarben, zuweilen aber machen gerade die Verfärbungen den Reiz eines Stückes aus. Pekings Antiquitätengeschäfte führen eine große Auswahl an schöner Jade. Wirklich kostbare Stücke sind allerdings nicht erhältlich bzw. nicht exportierbar. Heute wird Jade in großen Manufakturen geschliffen, z.B. in der *Beijing Jadeware Factory*, deren Fabrikladen eine große Auswahl führt. *Mo–Fr 8.30–17 Uhr, Guangming Lu 13 (im Hinterhaus: Nebenstraße reingehen, dann rechts)* (**117/D 5**). Jade aus neuerer Produktion ist auch in den meisten Kunsthandwerksläden erhältlich.

KAUFHÄUSER

Sozialismus ade! Nirgends sonst wird der revolutionäre Wandel von maoistischer Frugalität zur Warenfülle des neuchinesischen Kapitalismus so augenfällig wie in den glitzernden neuen Konsumtempeln. Europäische Einkaufsbummler vermissen dort zwar das Lokalkolorit, doch findet man ein breites Spektrum hochwertiger, teils auch preisgünstiger chinesischer Produkte sowie Importwaren auf engem Raum beisammen, vor allem Kleidung und Kunsthandwerk. Hier eine Auswahl:

Das *Guiyou Shangdian* ist die modernere und oft preisgünstigere Alternative zum nahen Freundschaftsladen, allerdings ist das Warenspektrum kleiner. *Jianguomenwai Dajie 5A* (**117/E 3**)

✪ *Sun Dong An Plaza (Xin Dong'an Shichang):* Der neue Konsumtempel an der Wangfujing birgt auf sieben Etagen zahllose Einzelhändler und mehrere Kaufhäuser. Schön ist das traditionelle Lebensmittelangebot im Keller, vor allem die vielen Backwaren. *Ecke Jinyu Hutong* (**116/B–C 2**)

★ *Youyi Shangdian:* Der »Freundschaftsladen«, tatsächlich ein richtiges Kaufhaus, orientiert sich besonders an der Nachfrage von Ausländern. Es gibt Lebensmittel, Alkohol, eine ziemlich reichhaltig bestückte Bücherabteilung mit guten Bildbänden, ausländische Zeitschriften, Möbel, Elektronik, Musikinstrumente, Kleidung, Spielwaren und in besonders reicher Auswahl Kunsthandwerk. *Tgl. 9 bis 20 Uhr, Jianguomenwai Dajie 17, U-Bahn Jianguomen* (**117/E 3**)

KLEIDUNG UND STOFFE

Die Seide, die schon im Altertum Chinas Weltruf begründete, zählt bis heute zu den begehrtesten Landesprodukten. Ebenso arbeitsintensiv in der Herstellung und daher dank niedriger Löhne besonders preisgünstig ist Kleidung aus Kaschmirwolle. Für beides zählt der *Freundschaftsladen* zu den wichtigsten Anbietern. Interessanter aber ist der ★ *Xiushui-Seidenmarkt* 450 m weiter östlich. Dort werden vor allem Restposten und Stücke aus zweiter Wahl billig verkauft (Feilschen nötig). Das meiste ist im Design und in den Größen auf den europäischen oder amerikanischen Markt zugeschnitten. Achten Sie aber auf schiefe Nähte und andere Fertigungsfehler. *Xiushui Dongjie* (**117/E 2–3**) Billiger und besser ist jedoch der Kleidermarkt in der Kneipenstraße Sanlitun Lu (**113/F 4**). Ende des 19. Jhs. gegründet und noch im ursprünglichen Gebäude ansässig ist der *Ruifuxiang Silk and Cotton Fabric Store*. Er führt auch Woll-, Baumwoll- und Pelzwaren. *Dashalan 5* (**116/A 4**)

KUNSTHANDWERK

Die Auswahl ist groß und die Fülle der Formen, Farben und Materialien erstaunlich. Neben Nippes für die heimische Anrichte ist auch schöner Schmuck zu entdecken, z. B. Armreifen aus Cloisonné, sowie hübsch gestaltete Gebrauchsgegenstände wie Lackdosen oder Möbel. Vieles findet sich zu hohen Preisen in den Hotelläden – und etwas billiger im ★ *Freundschaftsladen, Jianguomenwai Dajie 17* (**117/E 2**) so-

wie im Erdgeschoss der *Beijing Curio City, Dongsanhuan Nanlu* (**117/F 6**).

Der größte Kunsthandwerksspezialist ist jedoch die *Beijing Gongmei Art World, Wangfujing 200.* Hier sind auch Mineralien, Siegelstempel und Repliken alter Kunst zu haben (**116/B 2**).

MÄRKTE

Hongqiao-Markt (116/C 5)
★ ☺ Gemüse, Gewürze, Schildkröten, Schweinehälften, Perlen, Antikes, Spielzeug, Koffer, Feuerzeuge, Radios und vieles mehr. Der einstige Freiluftmarkt wurde in eine Art Kaufhaus verbannt, doch seiner Beliebtheit scheint das nicht geschadet zu haben. Trotz der Ladenmieten kauft man noch zu Großhandelspreisen. *Nördlich gegenüber vom Osttor des Himmelsaltar-Parks*

Tianhong-Markt (116/C 5)
★ ☺ Suchen Sie eine Vase für einen blühenden Kirschbaum? Eine Teekanne zum Tränken einer Kompanie? Falls nicht, müssen Sie trotzdem kommen. Es gibt Lackmöbel, Nippesregale, Korb- und Flechtwaren, Porzellan, Glas und Kristall, Ziersteine, Stoffdrucke, Tusch- und Ölbilder (darunter nachgemachte Rembrandts), Holzskulpturen, Bonsais, frische Blumen, eine Halle voll mit Plastikblumengirlanden und anderem künstlichem Blumenschmuck, Zierfische, aufgespießte Schmetterlinge, Stofftiere, Zuchtperlen, Knotenarbeiten, Stickereien, Pfauenfedern, Pflanztöpfe, Fächer, Terrakottakrieger – man kommt aus dem Staunen kaum heraus. *Nördlich vom Osttor des Himmelsaltar-Parks*

MÖBEL

Erste Adresse mit einer riesengroßen Auswahl an antiquarisch-traditionellem Mobiliar ist der kaufhausartige ★ *Chaowai-Markt, Dongsanhuan Nanlu, nördlich der Panjiayuan-Kreuzung* (**116/F 6**).

Ebenfalls lohnend: das Erdgeschoss der 450 m weiter südlich gelegenen *Beijing Curio City* (**116/F 6**). Korbmöbel mit Weidenholzrahmen gibt's in Freiluftständen am Südende der Kneipenstraße *Sanlitun Lu* (**113/F 4**).

MUSIK

Tonbandkassetten und CDs mit alter und neuer chinesischer sowie westlicher Musik findet man in großer Auswahl im Obergeschoss des *Foreign Languages Bookstore, Wangfujing 235* (**116/B 2**).

Musikinstrumente sind billig. Schauen Sie in der Wangfujing bei *China Light Music (Sun Dong An Plaza, Kellergeschoss, B 115,* **116/B–C 2**) vorbei oder in der Liulichang West bei der *Hua Cai Music Art Company (Nr. 36,* **115/E 4**).

PORZELLAN

Zum Kauf echter Ming-Vasen ist in Peking wegen der Exportbeschränkungen zwar nicht der rechte Platz, doch führen die Antiquitätenläden manch schönes Stück vom Ende der Kaiserzeit. Nur wenig preisgünstiger sind Reproduktionen alten Porzellans in der *Beijing Jingdezhen Porcelain Joint Company, Qianmen Dajie 149–151* (**116/A 4**). Moderne Ware finden Sie in der *Beijing Gongmei Art World (Wangfujing 200,* **116/B 2**), Gebrauchsporzellan auch auf dem *Panjiayuan-Markt.*

Porzellan in der Liulichang-Gasse

TEE

★ Große Auswahl aus allen Anbaugebieten Chinas. Mit Verkostung empfehlen sich *Ten Fu's Tea, Wangfujing 78* (**116/B 1**) und *Bo Fu, Liulichang Ost 71* (**115/E 4**).

TEPPICHE

Seit dem 19. Jh. werden in Peking Teppiche geknüpft. Führend ist die Teppichfabrik Nr. 1 mit ihrem Verkaufsraum, dem *Hui An Carpet Shopping Center, Anding Lu, nördlich der 3. Ringstraße* (**U/C 4–5**). Ebenfalls lohnend: die Teppichabteilung im ★ *Freundschaftsladen, Jianguomenwai Dajie 17* (**117/E 2**).

THEATERBEDARF

»Bedarf« haben Sie vielleicht nicht an einem Opernkostüm, einer roten Trommel oder allerlei Requisiten vom Schwert bis zur Fahne, aber manches aus den Läden dieser Gasse gibt ein dekoratives, originelles China-Souvenir. *Xi Caoshi Jie* (**116/A 4–5**)

Traumhaft schlafen

Des Kaisers Schlafgemach ist nicht zu mieten, doch
komfortabler als im Palast ruht man heute allemal

In kaum einem Wirtschaftssektor Pekings hat sich seit Anfang der Achtzigerjahre des 20. Jhs. ein so rapider Wandel vollzogen wie im Beherbergungsgewerbe. Erst herrschte ein dramatischer Mangel an Hotelzimmern, dann waren für kläglichen Service Preise der Luxuskategorie zu zahlen. Heute verfügt die Stadt allein über 16 Fünfsterne- und rund 30 Viersternehotels – ausnahmslos Großhotels mit teilweise über 1000 Betten und allem erdenklichen Komfort: klimatisierte Zimmer mit Bad, Farbfernseher und Telefon mit internationaler Direktwahl, im Haus Swimmingpool, Trimmraum, Sauna, mehrere Restaurants, Bars, Diskotheken, Ladenzeilen, Businesscenter – alles nicht anders, als stiege man in Hongkong, Toronto oder Sydney ab. So scheint es jedenfalls, wenn man den Hotelprospekten und Werbeanzeigen glauben will. Wer dann eines der feinen Häuser bucht, wird jedoch rasch merken, dass mancher Wurm drin ist, und zwar besonders bei Wartung und Betrieb der technischen Anlagen sowie beim Service. Da bleibt etwa beim Duschen mal minutenlang das warme Wasser weg, das Businesscenter ist unfähig, aus dem örtlichen Telefonbuch eine Nummer herauszusuchen, und im Restaurant bekommt man die Rechnung für den Nachbartisch vorgelegt.

Was den Service angeht, so sind Inkompetenz, Schludrigkeit und Unfreundlichkeit des Personals, früher ein alltägliches Ärgernis, zwar weitgehend passé, doch gut ausgebildetes Personal ist noch immer nicht selbstverständlich. Ähnlich bei der Haustechnik: Installationen funktionieren zuweilen nicht, und auch gute Mittelklassehotels haben noch Probleme mit Heizung und Klimatisierung. Nicht dass die Apparaturen oft ausfielen, eher im Gegenteil: Im Winter entblättert man sich auf dem Zimmer nach und nach, im Hochsommer zieht man Pullover über.

Hotels, in denen Service und Technik seit Jahren gleichermaßen zuverlässig sind, lassen sich an zwei Händen abzählen: Es sind neben den Luxushotels vor allem diejenigen, die mit einem Marco Polo Stern ausgezeichnet sind.

Die meisten internationalen Hotels der Stadt sind ebenso groß wie neu und besitzen we-

Gastfreundlich und serviceerfahren:
das Jianguo Hotel

MARCO POLO TIPPS FÜR HOTELS

1 Hilton
Luxus mit Gegenwert: das Haus mit den zufriedensten Gästen (Seite 71)

2 Holiday Inn Crowne Plaza
Komforthotel mit Kultur und mittendrin (Seite 71)

3 Jianguo
Bewährter Service, beliebter Treffpunkt (Seite 73)

4 Traders
Für Geschäftsreisende: die Alternative am World Trade Center (Seite 73)

nig eigenes Profil. Die Ausstattung der Zimmer ist in den Kategorien 1 und 2 praktisch identisch und auch in der Billigkategorie sehr ähnlich. (Hier fehlt meist nur die Klimatisierung, Zentralheizung ist jedoch vorhanden.) Auch Serviceeinrichtungen wie Coffeeshop oder westliches Restaurant mit Frühstücksbuffet, Businesscenter, Souvenirladen mit Briefmarken- und Zeitschriftenverkauf sowie Geldwechselschalter finden sich in allen Häusern der Kategorien 1 und 2, von seltenen Ausnahmen abgesehen. Preisgruppe 1 bietet zusätzlich aufwendig dekorierte Entrées, Bars und Diskotheken, Schwimmbad, Businesscenter mit 24-Stunden-Service, Fitnesscenter, Hotelarzt, Tagungsräume und dergleichen sowie qualifizierteres Personal. Das niedrige Lohnniveau macht sich nur in den einfacheren Häusern bemerkbar. Fast nur in dieser Kategorie finden sich auch kleinere Hotels mit Altpekinger Flair. Und wer als Rucksacktourist auch aufs eigene Bad verzichten kann, nächtigt in Peking extrem günstig.

Bei den großen Entfernungen in der Stadt und wegen des unterentwickelten öffentlichen Nahverkehrs ist die Wahl des richtigen Hotelstandortes wichtig. Die meisten modernen Luxushotels befinden sich im Osten und Nordosten der Stadt. Unweit des Flughafens und in der Nähe des Diplomatenviertels sowie der Mehrzahl ausländischer Firmenrepräsentanzen gelegen, eignen sie sich speziell für Geschäftsreisende. Bei einem vorwiegend touristischen Besuch sind die Innenstadthotels eindeutig vorzuziehen, besonders wenn man vor dem Frühstück einmal im Park beim Schattenboxen zusehen und abends lieber über einen Nachtmarkt bummeln als an der Hotelbar sitzen möchte. Gerade an der Hauptgeschäftsstraße Wangfujing und in deren Seitenstraßen gibt es heute etliche gute Herbergen.

Da der Chinatourismus ein Saisongeschäft ist, räumen viele Häuser im Winter (meist November bis März) sowie im Hochsommer (Juli, August) Rabatte ein, die mehr als ein Drittel betragen können und selbst Luxushotels erschwinglich machen. Bei internationalen Großveranstaltungen, wie sie die Hauptstadt von Zeit zu Zeit erlebt, müssen Sie dagegen mit happigen Aufschlägen rechnen.

Wundern Sie sich nicht, wenn Vorkasse verlangt oder beim Einchecken eine Sicherheitszahlung für Telefonate, Wäsche etc. eingefordert wird. Die teureren Hotels schlagen bis zu 15 Prozent für Trinkgeld auf. Hier wird vom Endpreis ausgegangen.

HOTELS KATEGORIE 1

(für Anspruchsvolle, Doppelzimmer ab 160 US-$)

Beijing Hotel (116/B 3)

Die Grande Dame der Pekinger Hotellerie war bei der Gründung im Jahr 1900 das erste internationale Hotel am Platz. Es wahrte diesen Rang, bis um 1980 die ersten Luxushotels amerikanischen Zuschnitts nach Peking kamen. Zu den prominenten Gästen gehörten Politiker wie Sun Yatsen, Prinz Sihanouk und Richard Nixon.

Die zwei Altbauflügel entstanden in den Jahren 1917 und 1954; sie wurden 1999 einer Generalrenovierung unterzogen. Berühmt sind ihre Fest- und Bankettsäle, die schon manchen Staatsempfang gesehen haben. Der Hochhausflügel wurde 1974 fertig gestellt. Ein großes Plus des Hauses ist die Lage am Beginn der Wangfujing in Spaziergehentfernung vom Tian'anmen-Platz. *910 Zi. (alle Flügel), Dong Chang'an Jie 33, Tel. 65 13 77 66, Fax 65 13 73 07, www.chinabeijing hotel.com*

Great Wall Sheraton (113/F 3)

Riesiges First-Class-Hotel mit 900 Zimmern, das unweit der Botschaften und Firmenrepräsentanzen im Osten der Stadt liegt. Zu den üblichen Einrich-

Das Great Wall Sheraton

tungen (mehrere Restaurants und Bars, Disko, Schwimmbad, Fitnessraum etc.) kommt ein großer Garten, der traditionelle und moderne Elemente verbindet. *Dongsanhuan Beilu 10, Tel. 65 90 55 66, Fax 65 90 52 22, www. sheraton. com*

Hilton (113/F 2)

★ Neben dem teureren China World derzeit das meistgelobte Hotel der Stadt. Für Geschäftsleute günstig ist die Fußwegentfernung zum Lufthansa Center. Ausgezeichnete Gastronomie, darunter für alle Südstaatenfreunde Pekings einziges Cajun-Restaurant. Tennis, Squash. *365 Zi., Dongfang Lu 1, Dongsanhuan Beilu, Tel. 64 66 22 88, Fax 64 65 30 52, www.hilton.com*

Holiday Inn
Crowne Plaza (116/B-C 1-2)

★ Die angenehmste der neuen Herbergen an der Wangfujing, also mitten in der Innenstadt gelegen: geräumig, doch nicht pompös, und bestens ausgestattet. Am ebenerdigen Atrium liegt eine Galerie für moderne Kunst, zuweilen finden Kon-

Pekinger Luxushotels

China World Hotel   (117/F 3)

Als Teil des World Trade Center wendet sich das Pekinger Flaggschiff des Shangri-La-Konzerns speziell an Geschäftsleute. Es ist die in Ausstattung und Service derzeit wohl beste Herberge der Stadt (738 Zimmer ab 282 US-$). Die drei feinen Restaurants (kantonesisch, japanisch, europäisch-international) zählen zur Pekinger Spitze. Große Tagungsräume. *Jianguomenwai Dajie 1, Tel. 65 05 22 66, Fax 65 05 31 67, www.Shangri-La.com/Shangri-La/Hotels/4/4Home.html*

Grand Hotel   (116/B 3)

Das bietet keiner sonst: Von den oberen Stockwerken auf der Westseite blickt man auf die Dächer des nahe gelegenen Kaiserpalastes. Wer nicht eins der 218 Zimmer (ab 316 US-$) nimmt, sollte doch einmal im Red Wall Cafe Rast machen und sich im Atrium Pekings witzigsten Brunnen anschauen. Das Hotel entstand als Anbau des Beijing Hotel, steht aber unter eigenständiger Leitung. *Dong Chang' an Jie 33, Tel. 65 13 77 88, Fax 65 13 00 49, www.grandhotelbeijing.com/english/a.htm*

International Club Hotel   (117/E 2–3)

Pekings neuestes Luxushotel beeindruckt mit seinem opulenten Dekor, der gleichwohl Geschmack verrät – ein toller Rahmen für gehobenes Business. Auch die Lage gegenüber vom CITIC-Hochhaus ist für Geschäftsleute ideal. Japanische, italienische und chinesische Küche. 287 Zimmer, ab 259 US-$. *Jianguomenwai Dajie 21, Tel. 64 60 66 88, Fax 64 60 32 99, www.luxurycollection.com*

Kempinski   (113/F 3)

Was das China World Hotel fürs World Trade Center, ist das Kempinski fürs Lufthansa Center: Zentrum eines Büro-, Einkaufs- und Gaststättenkomplexes. Zudem ist es von den Luxushotels das flughafennächste und das architektonisch gelungenste: elegant und ohne falschen Pomp. Berühmt: das Fitnesszentrum. 529 Zimmer ab 210 US-$. *Liangmaqiao Lu 50, Tel. 64 65 33 88, Fax 64 65 33 66, www.Kempinski.com/deutsch/hotelwelt/beijing.htm*

Palace Hotel   (116/C 2)

Sehr pompös mit seinem gewaltigen China-Dach und dem dröhnenden Wasserfall in der Halle, doch wo sonst findet man separate Trinkwasserzapfstellen auf den Zimmern oder beheizte – also beschlagfreie – Badezimmerspiegel? Sehr gute Gastronomie, Disko, Ballsaal, ein Pool mit Glasdach, Billard und Fitnessraum. Wer will, kann sich im Rolls-Royce vom Airport abholen lassen. 578 Zimmer ab 290 US-$. *Jinyu Hutong 8, Tel. 65 12 88 99, Fax 65 12 90 50, www.peninsula.com/hotels/beijing/beijing.html*

zerte statt. *385 Zi., Wangfujing 48, Tel. 65 13 33 88, Fax 65 13 25 13, www.basshotels.com*

Jianguo Hotel (117/F 3)

★ Das erste Jointventure-Hotel Pekings, Anfang der 80er-Jahre im südöstlichen Geschäfts- und Botschaftsviertel errichtet, ist wegen seiner gastlichen Atmosphäre und des erfahrenen Service besonders beliebt. Trotz seiner 426 Zimmer wirkt es klein und mit den hübschen Gartenhöfen fast intim. Das französische Restaurant Justine's zählt zu den besten der Stadt. Die Ausstattung mit Schwimmbad, Businesscenter etc. entspricht dem Standard. *Jianguomenwai Dajie 5, Tel. 65 00 22 33, Fax 65 00 28 71, www.hoteljianguo.com*

Radisson SAS Hotel (113/E 2)

Das 374-Zimmer-Haus liegt direkt am neuen Messezentrum. Während Hotels alle Zimmer üblicherweise einheitlich gestalten, können Sie hier zwischen drei Designvarianten wählen: Art déco, High-tech und »Orientalisch«. *Bei Sanhuan Donglu 6A (Zufahrt von der Qisheng Nanlu auf der Rückseite des International Exhibition Centers), Tel. 64 66 33 88, Fax 64 65 31 86, www.radisson.com/beijingcn/cardinal/home.html*

Shangri-La (110/A 3)

Das elegante Haus am westlichen Stadtrand setzt auf Stil und Komfort. Zu den Restaurants (kantonesisch, französisch, italienisch), Bar etc. kommen Tagungsräume, Business- und Fitnesscenter, Pool und ein schöner Garten. *596 Zi., Zizhuyuan Lu 29, Tel. 68 41 22 11, Fax 68 41 80 02, www.shangri-La.com/Shangri-La/Hotels/3/3Home.html*

Traders Hotel (117/F 2–3)

★ Das gut geführte Haus der Shangri-La-Kette liegt abseits der Hauptstraße gleich hinter dem World Trade Center und

Paradebeispiel für die Pekinger Postmoderne: das Palace Hotel

empfiehlt sich daher besonders kostenbewussten Geschäftsreisenden. *567 Zi., Jianguomenwai Dajie 1, Tel. 65 05 22 77, Fax 65 05 08 18, www.Shangri-La.com/Shangri-La/Hotels/5/5Home.html*

HOTELS KATEGORIE 2

(für mittlere Ansprüche, Doppelzimmer von 80 bis 160 US-$)

Beijing Asia Hotel (113/E 4)

Ideal für Unternehmungslustige: Zur U-Bahn sind es nur fünf Minuten zu Fuß und ins Kneipenviertel von Sanlitun zehn Minuten. Per Taxi liegen das Lufthansa Center und das Büroviertel von Jianguomenwai keine zehn Minuten entfernt. Geräumige 298 Zimmer. Gute Küche in mehreren Restaurants. *Xinzhong Xijie 8, Ecke Gongti Beilu, Tel. 65 00 77 88, Fax 65 00 80 01, www.asiajinjiang.cn.net*

Exhibition Centre Hotel (110/C 3)

Das mit 250 Zimmern überschaubar große Mittelklassehotel liegt sehr ruhig fernab der Straße neben dem alten Ausstellungszentrum. U-Bahn und Zoo sind gut zu Fuß zu erreichen. Im Sommer wird vorm Haus ein Biergarten aufgebaut. *Xizhimenwai Dajie 135, Tel. 68 31 66 33, Fax 68 34 74 50*

Hua Du Hotel (113/F 3)

Eines der älteren Komforthotels, die heute zwar im Schatten ihrer luxuriösen Nachbarn stehen, sich aber um so mehr mit ihrem guten Preis-Leistungs-Verhältnis empfehlen. Gute Lage nahe dem Lufthansa Center. *522 Zi., Xinyuan Nanlu 8, Tel. 65 97 17 54, Fax 65 97 16 15*

Minzu Hotel (115/E 2–3)

Einst nach dem Beijing Hotel das zweite sozialistische Großhotel an der Ost-West-Achse, ist es nach gründlichem Umbau als anständige moderne Herberge wiedererstanden. Preisgünstige 615 Zimmer bei zentraler Lage. *Fuxingmennei Dajie 51, Tel. 66 01 44 66, Fax 66 01 48 49*

Peace Hotel (116/C 2)

Zentrale Lage, eine gute Ausstattung mit Sauna, Schwimmbad und Disko sowie im Vergleich dazu sehr mäßige Preise zeichnen dieses besonders bei Franzosen beliebte Hotel aus. *495 Zi., Jinyu Hutong 3, Tel. 65 12 88 33, Fax 65 12 68 63*

Song He Hotel (116/C 2)

Beim Bau des Dreisternehotels wurde auf repräsentative Platzverschwendung konsequent verzichtet. Entsprechend günstig sind die Tarife. Schön: das Thai-Restaurant mit Terrasse. *310 Zi., Dengshikou 88, Tel. 65 13 88 22, Fax 65 13 90 88*

HOTELS KATEGORIE 3

(für einfache Ansprüche, Doppelzimmer von 30 bis 80 US-$)

Bamboo Garden Hotel (112/A 3)

Wer sowohl in klassisch-chinesischem Ambiente als auch innerstädtisch wohnen möchte, sollte versuchen, eines der 40 Zimmer dieser kleinen Herberge zu ergattern. Mit ihrer Gartenanlage und den rotlackierten Laubengängen ist sie ein Kleinod der Pekinger Hotellerie. Gemessen am Servicestandard ist es jedoch eher teuer. Die Umgebung mit ihren Altpekinger Gässchen wird eben mitbezahlt. *Xiaoshiqiao Hutong 24, Jiu Gulou Dajie, Tel. 64 03 22 29, Fax 64 01 26 33*

Guo'an Hotel (117/F 1)

Sehr preiswertes, anständiges Mittelklassehotel mit 128 Zimmern. Außer der chinesischen Küche gibt's auch westliche Gerichte. *Dong Daqiao, Tel. 65 00 77 00, Fax 65 00 45 68*

Haoyuan Hotel (116/C 5)

Zuweilen hapert's ein bisschen mit Haustechnik und Service, dafür wohnt man am Ende einer Sackgasse zu ebener Erde mit Blick ins Grüne. Alle 89 Zimmer sind mit Bad, Fernseher und Telefon ausgestattet. Sehr preisgünstig, doch meiden Sie den zu teuren »VIP Garden«-Annex. *Tiantan Donglu A9, Tel. 67 01 44 99, Fax 65 11 27 19*

Lüsongyuan Hotel (112/B 4)

Ähnlich dem Bamboo Garden Hotel wohnt man auch hier in einem Altpekinger Gässchen und entsprechendem Ambiente, freilich auf engerem Raum, doch mit besserem Preis-Leistungs-Verhältnis (üblicher Zimmerkomfort). Viel ausländische Kundschaft. *31 Zi., Banchang Hutong, Jiaodaokounan Dajie, Tel. 64 04 04 36, Fax 64 03 04 18*

Zhong Ou Hotel

Dass man so nahe beim Lufthansa Center (**113/F 3**) und doch so ruhig und billig wohnen kann! Die meisten der 50 Zimmer haben nur Dusche, keine Wanne, ansonsten die übliche Komfortausstattung mit Fernseher und Telefon. *Nongzhanguan Beilu 55, Tel. 65 08 08 45, Fax 65 08 08 53*

FÜR JUNGE LEUTE

Jinghua Fandian

⟡ 2 km südlich vom Taoranting-Park (**115/F 6**) lockt dieser Treffpunkt aller Rucksackreisenden mit seinen Preisen: Schlafsaalbetten ab 25 Yuan, in Vierbettzimmern ab 30 Yuan. Zweibettzimmer (mit Dusche/WC, Telefon, Fernseher) kosten ab 140 Yuan. Dabei ist das Haus modern, sehr sauber und klimatisiert. Fahrradverleih, Restaurant, Bar. *Nansanhuan Zhonglu, Xiluoyuan Nanli, Tel. 67 22 22 11, Bus 66 ab Qianmen*

Peking und Beijing

Warum ist die Stadt, die auf Hochchinesisch *Beijing* (sprich: »Beh-djing«) heißt, in aller Welt als Peking bekannt? Das Wort geht auf jene Seefahrer des 16. Jhs. zurück, die von Chinas Hauptstadt zum ersten Mal aus dem Mund von Kantonesen hörten. Die aber sprechen dieselben zwei Zeichen, *bei* – nördlich – und *jing* – Hauptstadt – bis heute »Bakking« aus. Marco Polo hätte mit beiden Versionen nichts anzufangen gewusst, denn damals, unter den Mongolen, hieß die Stadt *Khanbalik*, »Stadt des Khan«, und auf Chinesisch *Dadu*, »Große Hauptstadt«. Als »Nördliche Hauptstadt« kennt man sie erst, nachdem die Ming ihre Residenz aus Nanking (*Nanjing*: »Südliche Hauptstadt«) Anfang des 15. Jhs. hierher verlegten.

Pekinger Kalender

*Für Laternenschau und Tempelmarkt gibt der
Mond das Datum an*

In Peking wird nur wenig gefeiert. Früher, als die Tempel noch keine Museen, sondern Stätten religiösen Lebens waren, sah das anders aus. Da waren alljährlich die Geburtstage zahlloser Götter und Heiliger zu feiern. Dann tummelte sich das Volk auf bunten Festtagsmärkten, wo das jenseitige »Geburtstagskind« mit Opernaufführungen und reichlich Weihrauch beglückt wurde. Heute hat der Jahreskreis nur noch wenige Glanzlichter. Selbst das Drachenbootfest am fünften Tag des fünften Mondmonats, traditionell eines der wichtigsten Jahresfeste, findet in Peking keinen merklichen Niederschlag. Doch wer zur rechten Zeit kommt, erlebt die Stadt auch heute noch in Festtagslaune.

GESETZLICHE FEIERTAGE

1. Januar *Neujahr;* Frühlingsfest *3 Tage: Chinesisch-Neujahr;* 1. Mai *Tag der Arbeit;* 1. Oktober *2 Tage: Nationalfeiertag zum Gedenken an die Staatsgründung 1949*

Zu jedem richtigen chinesischen Fest gehören Löwentänze. Meist sind sie im Freien, oft aber auch, wie hier, auf einer Bühne zu sehen. Zwei Männer stecken in dem Tierkostüm

TRADITIONELLE FESTE NACH DEM MONDKALENDER

Der traditionelle chinesische Mondkalender ist streng genommen kein reiner Mond-, sondern ein »lunisolarer« Kalender: Damit sich der Jahresanfang nicht nach und nach durch alle Jahreszeiten schiebt, sondern gegenüber dem Sonnenjahr möglichst stabil bleibt, wird alle zweieinhalb bis drei Jahre ein Schaltmonat eingefügt. Daher fällt das chinesische Neujahrsfest, heute im Unterschied zum 1. Januar »Frühlingsfest« geheißen, stets auf den ersten Neumond nach dem 21. Januar. Im Folgenden bedeuten römische Zahlen Mondmonate.

1. I. Frühlingsfest *(Chunjie).* Das bei weitem wichtigste Ereignis im chinesischen Kalender ist ein Familienfest. Alle, die irgend können, fahren in ihren Heimatort und treffen Verwandte und alte Freunde. Zu Hause beschenkt man einander und kocht das größte Festessen des Jahres. Das öffentliche Leben kommt für einige Tage weitgehend zum Erliegen, Restaurants bleiben geschlossen, und in den Hotels hält nur noch eine Notmannschaft den Betrieb aufrecht. Unter diesem Gesichtspunkt ist das

Frühlingsfest für einen Peking-aufenthalt ein schlechtes Datum. In der Zeit der Festvorbereitungen allerdings und noch bis etwa zwei Wochen danach findet einiges statt, was die Flaute für Fremde zu überbrücken hilft. Am schönsten sind die beiden großen ★ ✪ Tempelmärkte, die auf dem Gelände des Erdaltars Ditan (**112/C2**) und im Tempel Baiyun Guan (**114/C3**) stattfinden. Dort gibt es jede Menge hübsche Volkskunst, Spielzeug und Kleidung zu kaufen, man kann sich mit Imbissen stärken und von Löwentänzen, Puppenspielen, Akrobatik und anderem volkstümlichen Vergnügen unterhalten lassen.

Die kommenden Termine des Frühlingsfestes: 5.2.2000, 24.1.2001, 12.2.2002.

★ 15. I. Laternenfest *(Yuanxiaojie)*. Der erste Vollmond im Mondjahr markiert das Ende der Festsaison. Im Kulturpalast der Werktätigen, *Laodong Renmin Wenhua Gong* (**116/B2**), oder am Kulturpalast der Nationalitäten, *Minzu Wenhua Gong* (**115/E2–3**), sowie an einigen anderen Orten werden eigens zu diesem Anlass angefertigte Prunklaternen ausgestellt. Der Höhepunkt sind Shows mit technisch raffinierten Lichteffekten.

15. VIII. Mittherbstfest *(Zhongqiujie)*. An diesem Tag soll der Vollmond besonders hell und

Gesundheitskugeln

Es sind immer Paare: etwa hühnereigroße Kugeln aus glattem Stein oder aus Metall mit darin verborgenen klingenden Zungen. Man hält beide Kugeln in einer Hand mit der Handfläche nach oben und lässt sie umeinander kreisen, erst in der einen, dann in der anderen Richtung und schließlich in der anderen Hand. Wer abgespannt und müde ist, spürt einen belebenden, stärkenden Effekt. Die Kugeln, so heißt es, reizen die Akupunkturpunkte auf der Hand, und wer sie fleißig benutzt, bleibt gesund und erreicht gewiss ein hohes Alter. Fortgeschrittene bewegen drei oder vier Kugeln gleichzeitig. Als Anfänger freilich ist man schon froh, wenn sie einem nicht auf die Füße fallen.

Akrobatik in der Festsaison nach Chinesisch-Neujahr

rund sein, weswegen man auch vom Mondfest spricht. Man betrachtet den Mond und verzehrt »Mondkuchen«, ein kreisrundes, gehaltvolles Gebäck mit einer leckeren, marzipanähnlichen Füllung. In vielen Parks finden allerlei volkstümliche Vergnügungen und Laternenschauen statt, so im Beihai-Park (**I12/A 5**) und im Yuanming Yuan (**U/C 4**). Die kommenden Termine des Mittherbstfestes: 12. 9. 2000, 1. 10. 2001, 21. 9. 2002.

SONSTIGE FESTE UND VERANSTALTUNGEN

Januar/Februar

In der Schlucht Longqing Xia außerhalb der Stadt (**U/B 2**) und, wenn es kalt genug ist, auch im BeihaiPark (**I12/A 5**) werden um die Neujahrszeit ★ Eisskulpturen (»Eislaternen«) errichtet, die von innen erleuchtet werden und bei Dunkelheit zauberhaft anzuschauen sind. Zur Longqing-Schlucht werden dann organisierte Ausflüge angeboten. Fragen Sie am Reisebüroschalter Ihres Hotels nach.

1. Juni

Kindertag *(Ertongjie)*. Eltern ziehen mit ihrem festlich herausgeputzten Nachwuchs in die Vergnügungsparks, wo die Kinder Autoskooter und Karussell fahren dürfen und (beinahe) jeden Wunsch erfüllt bekommen.

1. Oktober

Am ★ Nationalfeiertag wird der Gründung der Volksrepublik China am 1. Oktober 1949 gedacht, und damit auch des Siegs der Kommunisten und der Befreiung Chinas von ausländischer Vorherrschaft. Militärparaden finden normalerweise nicht mehr statt. Schön sind die Festfeuerwerke an verschiedenen Stellen der Stadt, und eine Freude fürs Auge noch bis Mitte des Monats ist der überreiche, kunstvoll arrangierte Schmuck aus blühenden Topfblumen, oft Chrysanthemen, an den Hauptstraßen, vor Hotels und öffentlichen Gebäuden. Da im Frühherbst zudem das Wetter meist warm und klar ist, wirkt Peking zu keiner Zeit so heiter wie um die Zeit des Nationalfeiertags.

Am Abend gehen wir aus

Ob Pekingoper, Disko oder Folklore – außer Fernsehen gibt's noch andere Abendunterhaltung

Pekings Nachtleben hat sich im Laufe der Neunzigerjahre kräftig gemausert. Avantgardetheater und moderne chinesische Oper mögen zwar für fremde Gäste, die kein Chinesisch verstehen, nicht ganz das Richtige sein, doch auch die immer zahlreicher in Peking arbeitenden Ausländer haben Leben in die Bude gebracht. Diskos, Kneipen und Karaokeklubs sprießen seit Jahren wie der in China sprichwörtliche Bambus nach dem Frühlingsregen. Zudem haben sich die Öffnungszeiten immer mehr in die Nacht hinein verlängert. Den Kneipenbummel bis zwei oder drei Uhr in der Frühe auszudehnen ist kein Problem. Allerdings gehen Chinesen und Ausländer vorwiegend getrennte Wege. Chinesen sind meist keine begeisterten Kneipengänger – obwohl es in einer Metropole wie Peking auch genügend Ausnahmen gibt –, andererseits teilen Ausländer selten deren Sangeslust beim Karaoke. Am besten mischt sich das besserbemittelte Jungvolk in den Diskos.

Gehobene Kultur – internationale Konzerte, Ballett – bietet die Stadt heute reichlich. Für ausländische Gäste stehen natürlich Pekingoper, Akrobatik und Teehausvarieté obenan, und von diesem Dreigespann Altpekinger Abendunterhaltung – für Pekings Jugend mega-out – sollten Sie auch nichts versäumen.

An englischsprachigen Veranstaltungsmagazinen liegen »Beijing Scene«, »Metro« und »City Edition« gratis in vielen Kneipen und manchen Hotels aus. Auch die Tageszeitung »China Daily« sowie »Beijing Weekend« bringen Veranstaltungshinweise.

AKROBATIK

★ Im Balancieren, Jonglieren und in verwandten Künsten sind Chinesen anerkannte Weltspitze. Zuweilen treten auch Geräuschimitatoren auf. Eine schlichte, volkstümliche Akrobatikbühne ist das Chaoyang-Theater. *Beginn 19 Uhr, Eintritt ab 80 Yuan, Dongsanhuan Beilu 36, Tel. 65 07 24 21* (**117/F 1**)

Ein Schauspieler der Pekingoper

MARCO POLO TIPPS FÜR DEN ABEND

1 **Akrobatik**
Atemberaubende Schau
ohne Sprachprobleme
(Seite 81)

2 **Alte Opernbühnen**
Musiktheater mit Stil
(Seite 85)

3 **Sanlitun**
Kneipenpiste mit
Livemusik (Seite 82)

4 **Teehaus-Varieté**
Musik und Kleinkunst
volkstümlich-traditionell
(Seite 85)

BALLETT UND FOLKLORE

Volkstanz ist in China eine beliebte Form von Bühnenunterhaltung. Chinas ethnische Minderheiten, alle mit eigenen Tänzen und Trachten, sorgen für eine bunte Vielfalt. Auf professionellem Niveau zeigt dies beispielsweise die Chinesische Opern- und Tanztruppe *(Zhongguo Gewu Tuan)*. Aufgetreten wird in wechselnden Sälen, so im Kulturpalast der Nationalitäten *(Minzu Wenhua Gong), Fuxingmennei Dajie, U-Bahn Xidan, Tel. 66 02 44 33* (**115/E 2–3**)*, oder auch im International Theatre, *Poly Plaza, Dongzhimennan Dajie, Ecke Gongren Tiyuchang Beilu, Tel. 65 26 50 87, U-Bahn Dongsi Shitiao* (**113/D 4**)*.

BARS, KNEIPEN, DISKOTHEKEN

Wer abends noch Energie fürs Tanzparkett frei hat oder den Tag bei einem Bier oder Cocktail ausklingen lassen möchte, findet im eigenen Hotel gewöhnlich ein entsprechendes Angebot. Aber vielleicht möchte man ja nicht unbedingt andere Hotelgäste treffen, denen China genauso fremd ist wie einem selber?

Also los! Die Kneipenpiste für alle Nachtschwärmer-Langnasen ist ★ Sanlitun, das nördliche der zwei Botschaftsviertel (**113/ F 4**). Entlang der Sanlitun Lu im Bereich nördlich der »Arbeiterstadion-Nordstraße« *(Gongren Tiyuchang Beilu)* reiht sich schon heute ein Kneipenrestaurant ans andere. Weitere Lokale finden sich in der Gasse, die schräg gegenüber der Kreuzung, östlich vom City Hotel, nach Süden führt. Ihr offizieller Name *Dongdaqiao Xiejie* steht zwar dran, aber Pekings Ausländer kennen sie fast nur als »Sanlitun South Bar Street«. Zudem schließt sich nach Nordosten die Lufthansa-Center-Gegend an – mit Hard Rock Cafe, Paulaner Bräuhaus und weiteren Zielen. Besonders toll: in etlichen Lokalen gibt es regelmäßig Livemusik, von Country bis Jazz.

In allen Kneipen werden auch kleine Gerichte serviert: Sandwiches, Spaghetti, Salate, Pizza. Sofern nicht anders vermerkt, sind sie täglich geöffnet, oft schon ab Mittag. Sie schließen frühestens um Mitternacht.

Auch in anderen Stadtteilen sorgen diverse Etablissements für die Befeuchtung trockener Kehlen und für Unterhaltung.

Hier einige Empfehlungen aus Sanlitun und anderswo:

Bolouvard Bistro (116/B 1–2)

Die missglückte Namensorthografie verzeiht jeder, der auf die Preise guckt: Dies ist die preisgünstige Kneipenalternative zu den teuren Hotelbars der Wangfujing-Gegend. Auch die westlichen Gerichte (Spaghetti, Salat) sind billig. *Wangfujing 89*

Frank's Place (113/E 5)

Der Pub mit tröstendem Dekor für heimwehkranke Amerikaner ist schon ein Oldtimer unter den Ausländerkneipen. Im Sommer kann man draußen sitzen. *Gongren Tiyuchang Donglu, gegenüber vom Osteingang des Arbeiterstadions*

Hard Rock Cafe (113/F 3)

Gigantisch die Räumlichkeiten – ein Riesensaal, zweigeschossig, mit Riesendeckengemälde, von dem aus die Götter des Rockhimmels herabschauen –, gigantisch die Bar in Form einer E-Gitarre, gigantisch die Atmosphäre, wenn nach dem Dinner die Bands loslegen und es richtig in die Vollen geht. Bis dahin (ab Mittag) fungiert das Lokal als Restaurant (Tex-Mex-Küche mit ziemlich gigantischen Portionen). Teuer, dafür dank des Cadillacs an der Fassade leicht zu finden. *Eintritt zu Konzerten Mo–Do ab 21 Uhr, 80 Yuan, Fr, Sa ab 20.30 Uhr, 100 Yuan, frei für Gäste, die nach dem Abendessen bleiben; Landmark Hotel, Westflügel, Dongsanhuan Beilu 8*

Jazz-ya (113/F 4)

Beliebte Bar mit Jazzmusik (aus der Konserve) und buntem Publikum. In das nette Lokal unter chinesisch-japanischer Leitung locken auch 50 verschiedene Cocktails. *Sanlitun Lu 18 (am Ende einer namenlosen, kurzen Seitengasse)*

Nashville (113/F 5)

Wenn mittwochs bis samstags ab 21.30 Uhr die Country-Combo oder eine der anderen Bands aufspielt, wird's knallvoll. *Dong Daqiao Xiejie 14 (200 m östlich vom City Hotel reingehen)*

Nightman Disco (113/E 1–2)

In-Disko nahe dem SAS-Hotel. Riesige Tanzfläche, Animateure. *Eintritt frei für Ausländer, Xibahenanli 2 (Ecke Qisheng Nanlu)*

Palace View Bar (116/B 3)

Unstrittig der Ort für den schönsten Sonnenuntergangs-Drink: Man blickt auf die Dächer des Kaiserpalastes. *10. Stock des Grand Hotel, Dong Chang'an Jie 33*

Paulaner Bräuhaus (113/F 3)

Chinas erste Kneipe, die ihr eigenes Bier braut. Viele einheimische Gäste bestaunen die für sie exotische Atmosphäre, und auch chinesische Geschäftsfreunde lassen sich gern hierher ausführen. Gute Küche, freilich recht teuer. *Im Lufthansa Center, Liangmaqiao Lu 50*

Schiller's Bar (113/F 3)

Wie Ihre Kneipe von nebenan. Die – meist ausländischen – Gäste trinken Bier (auch draußen, doch der Autoruef vergällt oft den Spaß an der Terrasse), verspeisen eine Portion Spaghetti oder einen Salat und schwatzen sich ihren Chinafrust von der Seele. Freundliche Bedienung, zivile Preise. *Liangmaqiao Lu, gegenüber vom Lufthansa Center*

Deutlich angenehmer sitzt man bei schönem Wetter auf der Terrasse von Schiller's II, etwa 10 Minuten zu Fuß entfernt am Kanal gelegen. *Liangmahe Nanjie, westlich der Kreuzung mit der Sanlitun Lu*

MUSIK

In Peking sind die führenden Ensembles des Landes zu Hause. Sehr stimmungsvoll an trockenen Sommerabenden: die Freiluftkonzerte von Laienmusikern am Stadtgraben, *Westende der Yongdingmen Dongjie* (**116/B6**).

Beijing Concert Hall   (115/F3)

In der modernen, doch schon recht lädierten Musikhalle gastieren Künstler aus dem In- und Ausland. *Bei Xinhua Jie (Ecke Xi Chang'an Jie), Tel. 66 05 58 12*

CD Cafe   (113/F4)

Donnerstag- bis samstagabends das Mekka für Pekings Jazz-Enthusiasten. Rauchgeschwängerte, tolle Atmosphäre. *Ab 21.30 Uhr, Dongsanhuan Beilu (südlich der Landwirtschafts-Ausstellungshalle an der Fußgängerbrücke)*

Sanwei Bookstore   (115/E3)

Musik im Teehaus über der Buchhandlung: Freitagabends gibt's Jazz, samstagabends traditionelle chinesische Musik, alles live – eine glückliche Synthese aus Ost und West. Nur Nichtraucher. Reservierung empfohlen. *Ab 20.30 Uhr, Eintritt 30 Yuan (sonst frei: Teehausbetrieb). Fuxingmennei Dajie 60 (gegenüber vom Minzu Hotel), Tel. 66 01 32 04, U-Bahn Xidan oder Fuxingmen*

OPER

Traditionelle chinesische Bühnenkunst kennt viele Formen, am höchsten entwickelt aber ist die Oper. Im Zuge einer mehr als tausendjährigen Geschichte sind viele verschiedene Stile entstanden, benannt meist nach ihrer Heimatregion. Alle Opernstile kann man in Peking kennenlernen, denn Truppen aus dem ganzen Lande geben hier Gastspiele. Die populärste Form des Musiktheaters aber stammt aus der Hauptstadt: die Pekingoper. Gemessen an Chinas langer Theatertradition, entwickelte sie sich erst spät. Sie entstand vor 200 bis 150 Jahren aus Opernstilen, die reisende Truppen aus dem Süden mitbrachten.

Anders als die europäische Oper lebt die chinesische nicht von großen Komponisten, Librettisten und Regisseuren, sondern von der Bühnenpräsenz der Mitwirkenden, die vielfach Sänger, Sprecher, Tänzer und Akrobaten in einer Person sind. Zur Faszination für den Zuschauer trägt auch das Fehlen eines Bühnenbildes bei: Hier ist die Phantasie gefordert. Auch in anderen Dingen muss man mitdenken. Tastet sich beispielsweise jemand bei hell erleuchteter Bühne mit ausgestreckten Armen voran, so weiß man: In Wahrheit herrscht gerade finstere Nacht.

Hilfreich zum Verständnis sind die vier Rollentypen der Pekingoper: positive männliche Helden, Frauenrollen, männliche Abenteurer (positive und negative, mit maskenhafter Gesichtsbemalung) und Clowns oder Narren mit ihrer charakteristischen weißen Bemalung um

Nase und Augen. Jeder dieser Typen hat seine eigenen Standards und pflegt eine bestimmte Körpersprache, die von jedem Opernkenner sofort verstanden wird. Die Persönlichkeit des Darstellers ist aber gefordert, die festgelegten Ausdrucksformen mit Leben zu erfüllen.

Der Stoff der Opern gehört meist zum allseits bekannten Geschichtengut – vor allem Volkssagen und dichterisch verbrämte historische Themen. Mutige Helden, liebreizende Frauen und lächerliche Einfaltspinsel verbinden sich zu einer bühnenwirksamen Melange, besonders wenn die Damen auch noch im Schwertkampf bewandert sind oder die Heerführer mit einem Salto die Bühne betreten. *Rechnen Sie mit Eintrittspreisen um 100 Yuan.*

Hu-Guang-Gildenhaus (115/F 4–5)

★ 1995 wurde Pekings schönste alte Opernbühne (1830 erbaut) wieder in Betrieb genommen. In nostalgischem Teehausambiente erlebt man Pekingoper vom Feinsten. *Beginn 19.15 Uhr, Hufangqiao 3, Tel. 63 51 82 84 (Reservierung erforderlich)*

Liyuan Theatre (115/F 5)

Das Programm im großen »Birnengarten-Theater« ist mit den vielen akrobatischen Szenen auf ein ausländisches Publikum zugeschnitten. *Beginn 19.30 Uhr, im Qianmen-Hotel, Yong'an Lu 175, Tel. 63 01 66 88, App. 88 60*

Zhengyici-Theater (115/F 3–4)

★ Pekings älteste Opernbühne (1712 erbaut) ist seit 1996 wieder in Betrieb. Gegeben wird nicht nur Pekingoper, sondern auch Musiktheater anderer Regionen. Der Saal ist klein und intim. *Beginn 19.15 Uhr, Qianmenxi Heyan Jie 220, Tel. 63 52 21 10 (Reservierung erforderlich)*

TEEHAUS-VARIETÉ

Lao She Teahouse (116/A 3)

★ Nein, dies ist nicht jenes Pekinger Teehaus, das Lao She (1899–1966) zu seinem Drama »Chaguan« (»Das Teehaus«) inspirierte. Aber bei einer so gut gemachten Mogelei wird sich niemand beschweren.

Die kleine Bühne bietet allabendlich einen bunten Reigen an volkstümlicher chinesischer Unterhaltung: etwas Akrobatik, verblüffende Stimmen- und Geräuschimitation, konzertante Opernarien, Zauberei, Kabarett und musikalisch untermalte Anekdoten. Das Ambiente stimmt, auch wenn der Saal in einem hässlichen Neubau untergebracht ist. Ein englischchinesischer Programmzettel hilft mit Erläuterungen. *Tgl. 19.30 Uhr, Eintritt 40–130 Yuan, Qianmenxi Dajie 3, Dawancha Commercial Building, Tel. 63 03 68 30*

Tianqiao Paradise Teahouse (116/A 5)

★ Mit Abstand Pekings schönstes Teehaus: ein zweigeschossiger Saal aus dem Jahr 1933 mit großer Bühne, auf der ab 20 Uhr ein buntes Programm mit Opernarien, Akrobatik, Zauberei und vielem mehr präsentiert wird. Das ab 19 Uhr servierte Menü (mit Pekingente) ist überteuert. Kommen Sie besser erst zur Vorstellung. *Tianqiao Shichang 113 (im Hinterhaus), Eintritt 180 Yuan (mit Essen 330 Yuan), Tel. 63 04 06 17*

Altpekinger Kaleidoskop

Die hier beschriebenen Spaziergänge sind in der Übersichtskarte auf dem hinteren Umschlag und im Cityatlas ab Seite 110 grün markiert

① ANTIKES, KURIOSES, ALLTÄGLICHES

Der etwa dreistündige Spaziergang führt durch das quirlige Geschäftszentrum des alten Peking: zunächst zur Antiquitätengasse Liulichang, dann von dort aus zur Dashalan, wo renommierte Ladengeschäfte, die noch aus der Kaiserzeit stammen, mit kunstvollen Fassaden prunken. Zum Abschluss gibt eine Marktgasse Einblick in den Alltag der Altstadtbewohner.

Gehen Sie von der U-Bahn-Station Heping Men durch die Nan Xinhua Jie nach Süden. Nach fünf Minuten sind Sie an der *Liulichang (S. 38, 63)*, der Gasse der Antiquitätenhändler. Eine weiße Marmorbrücke verbindet den östlichen und den westlichen Abschnitt. Wenden Sie sich zunächst nach rechts, also nach Westen.

Auch wenn Sie entschlossen sind, sich vom Angebot der Läden nicht verführen zu lassen, also keinen Pinsel, keinen Jadereif, kein Schnupftabakfläschchen und auch kein Lackdöschen zu kaufen, dürfen Sie doch nicht versäumen, ein paar Läden zu betreten, vor allem die

Nr. 19 und folgende, denn dort, verteilt auf mehrere Gebäude, residiert *Rongbao Zhai (S. 63, 65)*, Pekings berühmteste Kunsthandlung. Beachten Sie die riesigen Tuschsteine, die goldverzierten Tuscheblöcke sowie die Farbholzschnitte, die Rongbaozhai in einem aufwendigen Verfahren selbst herstellt, aber auch die preisgünstigen kleinen Repliken einfacher Tuschbilder. Versäumen Sie nicht, wo immer es geht, ins Obergeschoss zu steigen, denn dort hängen Originale, darunter Ölbilder moderner Künstler. Viele der Werke faszinieren durch ihre handwerkliche Präzision.

Ein Muss ist auch eine Besichtigung des kleinen Privatmuseums, das das Antiquitätenhaus *Guanfu Zhai* in der Nr. 53 eingerichtet hat *(Eintritt 20 Yuan)*. Dort sind im Obergeschoss wunderschöne alte Möbel, feines Porzellan und andere exquisite Stücke klassisch-chinesischer Wohn- und Sammlerkultur zu sehen. Natürlich lohnt auch das Ladengeschäft von Guanfu Zhai *(S. 63)* den Besuch. Von den Straßenhändlern können Sie, wenn Sie feilschen, manch hübsches Andenken für wenig Geld erstehen, aber lassen Sie sich nichts Teures als angeblich echt antik aufschwatzen.

Nun geht's retour, rauf auf die Marmorbrücke und auf der anderen Seite *directement* in die Teestube im Obergeschoss des Eckhauses. Man ist auf Ausländer eingestellt – wie leider auch die Preise bezeugen (ab 50 Yuan pro Kanne). Der Teeausschank gehört zu *Jigu Ge (S. 53)*, Pekings Händler mit dem größten Sortiment an Repliken.

Bummeln Sie die Ost-Liulichang bis ganz ans Ostende, biegen Sie dort nach rechts ab und gleich wieder links. Hier ist die Welt der Antiquitätenhändler zu Ende. Die Gasse, die Sie nun entlanggehen, wirkt ärmlich und ungepflegt; windschiefe Behelfsbauten dokumentieren bis heute die Unfähigkeit der verflossenen Mao-Ära, für ausreichend Wohnraum zu sorgen. Auch das Leben der Bewohner scheint von der Hektik der modernen Metropole noch kaum berührt zu sein: Bei schönem Wetter zwitschern draußen Käfigvögel, und Schachspieler setzen sich zu einer Partie hinaus ins Freie.

Am Ende der Gassen kommen Sie wieder im Heute an: Rechtsab wird es lebendig mit Lokalen, Läden, Lautsprechermusik. Rechter Hand, wo sich zwei Glaszylinder drehen, können Sie sich über die neueste Haarmode informieren: Die Damen des Friseursalons trugen im Sommer 1999 sämtlich blond.

Gleich an der nächsten Kreuzung geht's wieder links. Vor Ihnen liegt die *Dashalan,* die quirligste Altpekinger Einkaufsgasse

und die einzige echte Fußgängerzone der Stadt.

Nach 50 Metern sehen Sie links die stehen gebliebene Fassade eines abgerissenen Kaufhauses aus der Zeit um den Ersten Weltkrieg. Chinesisch-englische Aufschriften verkünden, was es hier einmal gab, zum Beispiel »New clothes in all latest fashions«. Die imposante Fassade gegenüber, ein echtes Prunkstück, gehört zu einem Schuhgeschäft, aber nicht zu irgendeinem: *Neiliansheng* wurde 1835 gegründet und belieferte die im Palast Dienst tuenden Beamten. Der Firmenname heißt so viel wie »Zur fortgesetzten Palastkarriere«, er besagt mit anderen Worten: Mit unseren Schuhen gewinnen Sie kaiserliche Gunst. Eine kleine Ausstellung im dritten Stock informiert über die Geschichte der chinesischen Fußbekleidung. Noch heute fertigt Neiliansheng Schuhwerk alten Stils an, darunter kunstvoll bestickte Damenpumps.

Fast noch berühmter ist die Firma hinter der nächsten Prunkfassade, etwa 30 Meter weiter auf derselben Seite: Die altrenommierte Apotheke *Tongrentang.* Drinnen fährt eine Rolltreppe hinauf zu den traditionellen Arzneimitteln wie getrockneten Seepferdchen, Unsterblichkeitspilzen und wild gewachsenen Ginsengwurzeln zum Preis einer kleineren deutschen Eigentumswohnung.

Der Nachbarladen macht ebenfalls in Medizin, wenn auch einer ganz speziellen: Gleich hinterm Eingang rechts sehen Sie dort altchinesisches Viagra – Hirschgeweih, Hirschpenisse und andere Mittel zur Stärkung männlicher Zeugungskraft.

Noch ein berühmter Laden folgt, diesmal auf der linken Seite: An seiner barock geschwungenen, historischen Fassade erkennen Sie *Ruifuxiang (S. 66)*, einst Pekings feinstes Seidengeschäft. Gleich darauf wird ein besonderer Blickfang sichtbar: ein zwei Etagen hohes, äußerst kunstreiches, schmiedeeisernes Gitter. Das Ladengeschäft dahinter wurde zwar abgerissen, doch derzeit entsteht ein Neubau.

Wo die Rikschas warten, trifft die Dashalan auf die Qianmen Dajie. Diese Hauptstraße der Südstadt ist Teil der großen Nord-Süd-Achse Pekings. Nach Norden (links) fällt der Blick auf den Geschützturm des Vorderen Tors, *Qianmen (S. 17)*.

Mogeln Sie sich durch den dichten Verkehr auf die gegenüberliegende Straßenseite: Die Gasse, die dort in Fortsetzung der Dashalan nach Osten führt, fungiert als Marktstraße für das umliegende große und dicht besiedelte Altstadtviertel. Nirgends sonst ist das alte Peking noch so lebendig wie hier. Auf Ständen wird Gemüse, Tofu und frischer Fisch verkauft, in den Häusern bedienen Friseursalons, Imbissstuben und typische Restaurants ihre Kundschaft. Gehen Sie bis zum Haus Nummer 66 mit seiner alten, noch mit Landschaftsszenen bemalten und mit Drachen verzierten Restaurantfassade, und beachten Sie das kleine Ehrentor daneben. Es dürfte das einzige in der ganzen Südstadt sein, das bis heute erhalten blieb. Nachdem Sie genug Stimmung getankt haben, gehen Sie zurück zur Hauptstraße und dort rechts. Hier fällt gleich rechter Hand eine Gruppe aus drei lebensgroßen Statuen auf. Sie gehören zu dem Lokal dahinter und stellen dar, wie der Qianlong-Kaiser – er herrschte 1736–1796 – der Gaststätte ihren heutigen Namen *Duyichu,* »Einziger Ort in der Hauptstadt«, verlieh: Einzig dieses Lokal nämlich fand Seine Majestät – so geht die Sage – noch geöffnet vor, als er eines Abends spät von einer inkognito unternommenen Reise mit knurrendem Magen nach Peking zurückkehrte.

Auch Ihnen dürfte jetzt der Magen knurren. Im Duyichu ist man allerdings auf »Langnasen« nicht eingestellt. Gehen Sie daher noch ein Stückchen weiter bis zum *Quanjude (S. 55)*, dem Pekingenten-Spezialisten. Am Qianmen können Sie wieder in die U-Bahn steigen. Um zum Eingang zu gelangen, müssen Sie erst durch den Fußgängertunnel.

② DIE NÖRDLICHEN SEEN

 Der etwa dreistündige Weg führt durch Pekings schönste alte Wohngegend. Großteils am Wasser entlang gelangen Sie zu Glocken- und Trommelturm sowie zur Residenz von Song Qingling.

Lassen Sie sich per Taxi zum Nordtor des *Beihai-Parks (S. 27)* fahren, oder schließen Sie den Spaziergang an einen Bummel durch den Beihai-Park an.

Östlich schräg gegenüber vom Beihai-Nordtor liegt der südliche der drei nördlichen Seen. Folgen Sie dem Ufer zunächst ein Stück nach Osten bis zu einer kleinen Parkanlage mit Pavillon. Dort können Sie Laienmusikern lauschen, sich eine Massage verpassen lassen oder Schachspielern zusehen. Gehen Sie dann am Westufer entlang, wo sich die Stände des *Shichahai-Antikmarkts (S. 63)* reihen. Schräg voraus sehen Sie jenseits des anderen Ufers zwei große alte Gebäude aufragen: den Trommelturm rechts, dahinter den Glockenturm. Biegen Sie nach rechts ein, und folgen Sie dem Ufer bis zur Brücke, die Sie überqueren. Falls Sie nicht im rechter Hand am Seeufer gelegenen Restaurant *Kaorou Ji (S. 56)* einkehren, gehen Sie in die Gasse in Fortsetzung der Brücke hinein und das nächste Gässchen nach rechts. Hier belebt ein kleiner Gemüsemarkt die Szene. Beachten Sie links (Hausnr. 37) das Eingangstor eines alten, nicht mehr existierenden Tempels und rechts (Nr. 24) eine Fassade mit schöner Steinmetzornamentik. Noch wenige Schritte, und Sie erreichen Pekings große Nord-Süd-Achse. Nach links fällt der Blick auf die mächtige Südfront des *Trommelturms (S. 17)*. Dessen Eingang ist auf der Rückseite. Von oben haben Sie einen schönen Rundblick. Zwischen beiden Türmen erstrecken sich ein Obst- und Gemüsemarkt sowie, in soliden neuen Buden, ein Garküchenmarkt. Wegen der imposanten Glocke sollten Sie auch den *Glockenturm* besteigen.

Kehren Sie nun zurück zum See, und folgen Sie dem Ostufer nach Norden. Rechter Hand wird gerade ein alter Tempel, der Guanghua Si, restauriert. Auffälliger ist ein großer, im klassischen Stil erbauter Komplex mit einem pagodenartigen Turm direkt am Seeufer: Bauherr war der Sohn des früheren Bürgermeisters Chen Xitong, der über schwere Bestechungsaffären stürzte – und vor allem über das Verhalten seines Sohnes, der die Stellung des Vaters schamlos ausnutzte. Jetzt stehen die Gebäude, die als Vergnügungspalast gedacht waren, aber nicht mehr ganz fertig wurden, seit Jahren leer, Monumente sozialistischen Filzes.

Auf dem weiteren Weg passieren Sie das Gesundheitsministerium, und gleich darauf erreichen Sie die frühere *Residenz von Song Qingling (S. 36)*. Zu dem großen Anwesen gehört noch der Rest eines klassischen Gartens. Mit seinen Pavillons und Wandelgängen ist er der richtige Ort für eine kleine Rast. Folgen Sie weiter dem Seeufer, dann dem Kanal, der zum See Jishuitan führt. Gehen Sie dort am Westufer entlang. Rechts ragt über den Dächern am anderen Seeufer der Geschützturm des Stadttors *Deshengmen (S. 17)* auf. Der Hügel am Nordende des Sees wurde mit dem Aushub vom U-Bahn-Bau angelegt. Die wie ein kleiner Tempel wirkenden Bauten auf seinem Gipfel bergen eine Ausstellung zum Gedenken an Guo Shoujing, einen Ingenieur, der unter Kublai Khan im 13. Jh. die Wasserversorgung der neuen Reichshauptstadt sicherte. Nun können Sie im *Shan-Fu-Restaurant (S. 59)*, das auf der Nordostseite des Hügels liegt, einkehren oder zur U-Bahn gehen (Station Jishuitan, Eingang links herum an der nächsten Kreuzung).

Von Auskunft bis Zoll

Hier finden Sie kurz gefasst die wichtigsten Adressen und Informationen für Ihre Peking-Reise

AUSKUNFT VOR DER REISE

Fremdenverkehrsämter der Volksrepublik China
Ilkenhansstr. 6, 60433 Frankfurt, Tel. 069/52 01 35, Fax 52 84 90, www.fac.de
Genfer Str. 21, 8002 Zürich, Tel. 01/201 88 77, Fax 201 88 78

AUSKUNFT IN PEKING

China International Travel Service, Beijing Branch; Beijing Tourism Administration   (117/D 3)
Auskünfte, Transsib-Fahrkarten.
Jianguomenwai Dajie 28 (südl. des New Otani Hotels), Tel. 65 15 88 44

Hot Line for Tourists
Heißer Draht für Fragen und Beschwerden: *Tel. 65 13 08 28 (24-Stunden-Service)*

BANKEN UND GELDWECHSEL

Geld tauscht man am bequemsten im Hotel. Der Kurs wird amtlich festgesetzt und ist überall gleich. Manche Hotels verlangen aber zusätzliche Gebühren, nach denen Sie vorher fragen sollten. Die Einlösungsgebühr von Reiseschecks (für Deutsche am besten in DM) sollte nicht mehr als 0,75 Prozent betragen. Hotels wechseln meist nur für die eigenen Gäste. Die besseren Häuser und Ausländergeschäfte akzeptieren auch Kreditkarten.

Bewahren Sie einige Umtauschbelege auf, um überschüssige Yuan-Beträge bei der Ausreise zurücktauschen zu können.

DIPLOMATISCHE VERTRETUNG

Deutschland   (113/E–F 4)
Dongzhimenwai Dajie 17, Tel. 65 32 21 61

Österreich   (117/E 2–3)
Xiushui Nanjie 5, Tel. 65 32 20 61

Schweiz   (113/F 3)
Sanlitun Dongwujie 3, Tel. 65 32 27 36

EIN- UND AUSREISE

Für China herrscht Visumpflicht. Wer seine Chinareise nicht samt Visumantrag über ein Reisebüro abwickelt, muss das Visum persönlich beantragen, samt Passfoto, Reisepass und 30 Mark (30 Franken, 300 Schilling) sowie einem frankierten

Briefumschlag, falls Sie Ihren Pass mit Stempel nicht selbst abholen. Der Pass muss noch mindestens sechs Monate gültig sein. Geschäftsreisende benötigen ferner eine schriftliche Einladung von einer dazu ermächtigten chinesischen Firma oder Behörde. Nichtdeutsche, die den Visumantrag in Deutschland einreichen, müssen ihre deutsche Aufenthaltsgenehmigung vorlegen und sollten sich vorher über die für sie gültige Visumgebühr informieren, die deutlich höher sein kann. Die Bearbeitungszeit beträgt zwei Wochen. Kürzere Fristen sind möglich, bedingen aber eine höhere Gebühr, z.B. 40 Mark für zwei Tage Bearbeitungszeit. Aktuelle Visuminfos und ein Antragsformular zum Ausdrucken finden Sie im Internet über *www.china-botschaft.de.*
Visumerteilende Stellen sind:

Botschaft der VR China in Bonn
Kurfürstenallee 12, 53177 Bonn, Tel. 0228/95 59 80

Außenstelle Berlin
(zuständig für Berlin und die neuen Bundesländer) *Heinrich-Mann-Str. 9, 13156 Berlin, Tel. 030/ 48 83 97 15*

Generalkonsulat der VR China in Hamburg
(zuständig für die Länder Bremen, Hamburg, Niedersachsen und Schleswig-Holstein) *Elbchaussee 268, 22605 Hamburg, Visumabteilung Tel. 040/82 69 75*

Generalkonsulat der VR China in München
(zuständig für das Land Bayern) *Romanstr. 107, 80639 München, Visumabteilung Tel. 089/17 30 16 12*

Botschaft der VR China in Wien
Strohgasse 22, 1030 Wien, Visumabteilung Tel. 01/710 36 48

Botschaft der VR China in Bern
Kalcheggweg 10, 3006 Bern, Visumabteilung Tel. 031/351 45 93

Generalkonsulat der VR China in Zürich
Bellariastr. 20, 8002 Zürich, Visumabteilung Tel. 01/201 10 73

In Hongkong erhält man auch kurzfristig ein Visum bei:

China International Travel Service, Hong Kong Ltd.
12–13th Floor, Tower A, New Mandarin Plaza, 14 Science Museum Road, Tsim Sha Tsui East, Tel. 27 32 58 88

Ein Touristenvisum für Einzelreisende gilt maximal für drei Monate. Einmalige Verlängerung ist beim *Beijing Public Security Bureau (Gong'anju), Ausländerabteilung, Andingmendong Dajie 2, Tel. 84 01 52 92* (**113/D 3**), möglich. Impfnachweise sind nur bei Einreise aus einem Seuchengebiet nötig. Aufenthalte von sechs Monaten oder länger erfordern die Vorlage eines negativen HIV-Tests.

FLUGHAFENSTEUER

Beim Abflug ins Ausland sind am Flughafen 90 Yuan zu entrichten, für Inlandflüge wird eine Steuer von 50 Yuan erhoben.

FOTOGRAFIEREN

Im Regelfall unproblematisch. Verboten ist das Fotografieren von militärischen Anlagen, wozu auch Flughäfen zählen. Touristisch relevanter ist das Fotografierverbot in den Innenräumen der meisten Sehenswürdigkeiten. Wo ein entsprechendes Schild steht, sind gewöhnlich auch Aufpasser zugegen. Fehlt es, können Sie meist bedenkenlos auf den Auslöser drücken. Sondergenehmigungen für Innenraumaufnahmen sind teuer und bedingen meist ein längeres Antragsverfahren.

Wenn Sie Menschen fotografieren, so bitten Sie um Erlaubnis. Sie wird meist gern gewährt. Vor Sehenswürdigkeiten und in Parks, wo auch Chinesen viel fotografieren, ist solche Rücksichtnahme jedoch kaum nötig. Chinesen reagieren sensibel, wenn Ausländer exotisch wirkende Dinge fotografieren, die im Land als zu rückständig gelten oder deren man sich aus anderen Gründen schämt. Respektieren Sie diese Einstellung.

Ausländische Markenfarbfilme sind in China teuer. Diafilme erhalten Sie nur an wenigen Stellen, beispielsweise im Freundschaftsladen und in den führenden Hotels. 8-mm-Schmalfilmkameras und Amateur-Videokameras dürfen ebenfalls benutzt werden. Dagegen ist die Einfuhr von professionellem Gerät (ab 16-mm Film bzw. über halbzölligen Bändern) nicht gestattet.

FRISEUR

Damen- und Herrenfriseure finden Sie in den meisten Luxushotels. Zentral gelegen und mit reellem Service: der Hotelfriseur des *Beijing Hotels, Dong Chang'an Jie 33.*

GESUNDHEIT

Botschaftsarzt (113/E–F 4)
Dr. Heydlauf, *Deutsche Botschaft, Dongzhimenwai Dajie 17, Tel. 65 32 49 60, App. 1253*

**International
Medical Center** (113/F 3)
Auch Zahnarzt, Krankenwagen, Apotheke; englischsprachig. *Tgl. 0–24 Uhr, S-106, Office Bldg., Lufthansa Center, Liangmaqiao Lu 50, Tel. 64 65 15 61,-62,-63*

KLEIDUNG UND WÄSCHE

Kleiden Sie sich praktisch. In China ist man in Kleidungsfragen sehr locker. Alle Hotels haben einen gut funktionierenden Wäscheservice. Was Sie morgens abgeben, erhalten Sie am Spätnachmittag frisch gewaschen und gebügelt zurück.

ÖFFENTLICHE VERKEHRSMITTEL

Busse und O-Busse: lächerlich billig, jedoch in den Stoßzeiten oft überfüllt und auf vielen innerstädtischen Strecken sehr langsam. Das Gedränge und die niedrigen Fenster gestatten meist nicht, die Fahrtroute zu verfolgen. Lassen Sie sich das Ziel auf Chinesisch aufschreiben, falls Sie das Abenteuer einer Busfahrt eingehen wollen (Fahrpreis nach Strecke, keine Umsteigekarten).

U-Bahn: sehr billig, schnell und nie so voll wie die Busse. Englische Lautsprecherdurchsagen machen die Benutzung problemlos, wenn man erst einmal einen der Eingänge gefunden hat. Zu erkennen sind sie an einem blauen Symbol, das aus einem D (für *ditie*, U-Bahn) in einem Kreis besteht. Man löst eine Einheitsfahrkarte (2 Yuan) vorm Betreten des Bahnsteigs.

ÖFFNUNGSZEITEN

Es gibt keine gesetzlichen Regelungen. Die Geschäfte sind täglich geöffnet und schließen zum Teil erst nach 20 Uhr (meist zwischen 18 und 19 Uhr).

POST

Briefmarken gibt's in jedem Hotel. Sie sind oft nicht gummiert, müssen also extra angeleimt werden. Luftpost nach Mitteleuropa braucht 5 bis 7 Tage. Für größere Sendungen ins Ausland gehen Sie am besten zum Internationalen Postamt *Guoji Youdian Ju, Jianguomenwai Dajie* (**117/D 2**), sofern das Businesscenter nicht hilft. Den Versand großer Einkäufe (Möbel, Teppiche) kann man normalerweise vom jeweiligen Geschäft abwickeln lassen.

RADFAHREN

Das Fahrrad ist das ideale Verkehrsmittel für den Altstadtbereich. Zudem ist Peking völlig eben und starker Wind eher selten. Passen Sie sich an das gemächliche Tempo der Radlerströme an, und vergessen Sie die europäischen Verkehrsregeln. Wichtigster Grundsatz: Fahrräder haben vor Autos niemals Vorfahrt! Ferner gilt es, fleißig zu klingeln (Fußgänger überqueren die Altstadtgassen oft nach Gehör!) und jede Lücke zu nutzen. In den Geschäftsvierteln darf man das Rad nur in den bewachten, gebührenpflichtigen Ständen abstellen. Fahrradverleih gibt es in vielen Hotels. Prüfen Sie unbedingt die Bremsen, ehe Sie starten!

RADIO/FERNSEHEN

In den internationalen Hotels wird der US-Nachrichtensender CNN ins hauseigene Kabelnetz eingespielt. Gleiches gilt vom japanischen Sender BS1, der früh um 3.15 Uhr die ZDF-Sendung »heute« wiederholt (nicht sonntags und bei besonderen Sportereignissen).

Tagsüber gibt es im Radio auf 91,45 MHz zur vollen Stunde englische Nachrichten.

REISEZEIT

Im Juli und August ist es unangenehm schwül-heiß, und es regnet viel. Klimatisch ideal sind Mai und Juni sowie September

---

Nach Westen, nach Süden

Wer in Peking nach dem Weg fragt, erlebt eine kleine Überraschung: So schwammig die Beschreibung auch sein mag, ist sie doch genau, was die Himmelsrichtungen angeht. Statt »zweite Straße rechts, dann die nächste wieder links« erfüllt man »dahinten nach Westen abbiegen und dann nach Süden«. Die Orientierung der ganzen Stadtanlage mit allen Straßen an den Himmelsrichtungen ist, wie man hieran sieht, im allgemeinen Bewusstsein fest verankert.

und Oktober. Im Pekinger Winter von Anfang Dezember bis Anfang März kann es empfindlich kalt werden, auch wenn meist eine trübe Sonne durch den Smog dringt. Es gibt freilich zwei gute Gründe, Peking im Winter zu besuchen: die Rabatte bei den Übernachtungspreisen und das gelindere Gedränge bei den Sehenswürdigkeiten. Ein guter Kompromiss ist der trockene, nicht zu kalte November.

STROMSPANNUNG

220 Volt. In den Hotelbadezimmern befinden sich in der Regel Steckdosen, in die auch deutsche Zweipolstecker passen.

TAXIS

Peking ist mit Taxis im Innenstadtbereich reichlich versorgt. Es ist kein Problem, sich vom Straßenrand aus eines heranzuwinken. Wer weit nach außerhalb fährt, sollte den Wagen jedoch besser am Ziel warten lassen. Die Fahrer sprechen nur sehr selten Englisch.

Der Tarif ist außen an den hinteren Türen angeschlagen. Er liegt je nach Wagentyp bei ein bis zwei Yuan pro km bei einem Grundpreis von zehn bis zwölf Yuan. Manche Fahrer versuchen, durch Umwege oder Trinkgeldforderungen ihre Einnahmen aufzubessern, und können dann auch mal ruppig werden. Merken Sie sich in dem Fall die innen aushängende Lizenznummer sowie die Autonummer, und melden Sie Ihre Beschwerden dem *Taxi Supervising Telephone (66 01 26 20)* oder der *Tourist Hot Line, Tel. 65 13 08 28.*

Für längere Ausflüge ins Umland sollten Sie mit Hilfe des Hotelpersonals einen Tagesfestpreis vereinbaren. Je nach Entfernung werden für einen Kleinwagen dann 300 bis 500 Yuan fällig.

TELEFON

Die Ausländerherbergen verfügen über internationale Direktwahl und im meist vorhandenen Businesscenter auch über Telex, Telefax etc. Ortsgespräche sind eigentlich gratis, kosten in Hotels aber meist um 0,50 Yuan. Manche Häuser stellen auch erfolglose Wählversuche in Rechnung, falls Sie nicht protestieren. Auch innerhalb Chinas ist das Telefonieren meist unproblematisch.

Vorwahlnummern:
nach Deutschland 0049;
nach Österreich 0043;
in die Schweiz 0041;
internationale Vorwahl für Peking 008610

TOUREN UND RUNDFAHRTEN

Es gibt keine regulären Stadtrundfahrten. Die Beijing Tourism Administration und andere Stellen veranstalten jedoch lohnende Ausflüge mit klimatisierten Bussen. Buchung in allen größeren Hotels. Besonders zu empfehlen: die Hutong-Tour per Riksha *(Info und Reservierung Tel. 66 15 90 97)*

TRINKGELD

Trinkgeld zu geben und anzunehmen ist offiziell unerwünscht und in Restaurants (außer in den gehobenen Hotels) unüblich.

Beim Taxifahren macht sich lächerlich, wer mit dem *Mao* (ein Zehntel Yuan) geizt.

ZEIT

Der Mitteleuropäischen Zeit ist China um sieben Stunden voraus, während der Sommerzeit in Europa nur um sechs Stunden. In China gibt es keine Sommerzeit.

ZEITUNGEN UND ZEITSCHRIFTEN

Die englischsprachige »China Daily« ist in den Hotels meist kostenlos zu haben. Sie enthält auch Veranstaltungshinweise. Ausländische Presse gibt es nur in den teuren Hotels sowie im Freundschaftsladen.

ZOLL

Eine Zolldeklaration bei der Einreise wird nicht mehr verlangt. Devisenein- und -ausfuhr ist in beliebiger Menge möglich. Zollfrei bei der Einreise sind 400 Zigaretten und zwei Flaschen Spirituosen.

Nicht exportierbar sind Geldbeträge über 6000 Yuan und Gegenstände des kulturellen Erbes (Antiquitäten), sofern nicht ausdrücklich mit rotem Siegel freigegeben. Bei der Heimkehr gelten folgende Zollfreimengen: 200 Zigaretten oder 100 Zigarillos oder 50 Zigarren oder 50 g Tabak, 1 Liter Alkohol mit mehr als 22 Vol.-% oder 2 Liter Wein, 50 g Parfüm oder 0,25 Liter Eau de Toilette.

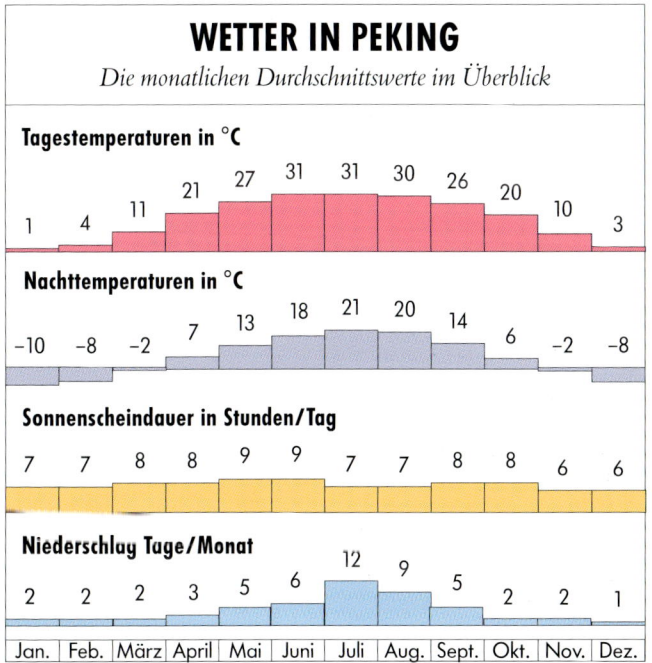

WETTER IN PEKING
Die monatlichen Durchschnittswerte im Überblick

Tagestemperaturen in °C

Jan.	Feb.	März	April	Mai	Juni	Juli	Aug.	Sept.	Okt.	Nov.	Dez.
1	4	11	21	27	31	31	30	26	20	10	3

Nachttemperaturen in °C

Jan.	Feb.	März	April	Mai	Juni	Juli	Aug.	Sept.	Okt.	Nov.	Dez.
–10	–8	–2	7	13	18	21	20	14	6	–2	–8

Sonnenscheindauer in Stunden/Tag

Jan.	Feb.	März	April	Mai	Juni	Juli	Aug.	Sept.	Okt.	Nov.	Dez.
7	7	8	8	9	9	7	8	8	6	6	

Niederschlag Tage/Monat

Jan.	Feb.	März	April	Mai	Juni	Juli	Aug.	Sept.	Okt.	Nov.	Dez.
2	2	2	3	5	6	12	9	5	2	2	1

Bloß nicht!

Viel Böses hat man in Peking nicht zu befürchten. Aber gegen ein paar unliebsame Überraschungen sollte man sich doch wappnen

Artenschutzbestimmungen missachten

Obwohl China diesbezüglichen internationalen Abkommen beigetreten ist, wird noch viel gesündigt. Mit Wildkatzenfellen, Elfenbein oder Krokodilhäuten im Gepäck gibt's bei der Heimkehr aber Scherereien!

Auf Taxinepp hereinfallen

Achten Sie darauf, dass das Taxameter benutzt wird, und nehmen Sie lieber ein anderes Taxi, falls man Ihnen eine Fahrt mit angeblich kaputtem Taxameter aufschwatzen will.

Einzeln bestellen und zahlen

Ob Sie zu zweit essen gehen oder zu zwölft: Bestellen und zahlen Sie niemals getrennt! Bestimmen Sie einen, der beides in Absprache mit den anderen erledigt. Speist ein Chinese mit, so passen Sie auf, dass er sich nicht ruiniert, indem er heimlich für den ganzen Tisch die Kosten übernimmt.

Entfernungen unterschätzen

Peking ist meistens größer, als man denkt, und wegen des unterentwickelten Nahverkehrssystems sind die Straßen notorisch überlastet. Müssen Sie zu einem festen Termin irgendwohin fahren, planen Sie zumindest zu den Stoßzeiten besser eine halbe Stunde mehr ein, als Ihnen höchstens nötig scheint. Oder wechseln Sie, wenn möglich, auf die U-Bahn – Pekings einziges Verkehrsmittel mit kalkulierbaren Fahrzeiten.

Ohne chinesische Adresse losziehen

Wer in China kein Chinesisch kann, ist so gut wie Analphabet und taubstumm. Auch Chinesen, die Englisch sprechen, kennen selten die englischen Namen der Hotels, die mit den chinesischen Namen oft keinerlei Ähnlichkeit haben. Gehen Sie daher nie los, ohne sich die chinesisch geschriebene Adresse Ihrer Herberge mitzunehmen.

Rikscha fahren

Ohne Chinesischkenntnisse nicht zu empfehlen. Für einen Phantasiepreis fährt man Sie, wohin Sie gar nicht wollen.

Unvorbereitet Busse benutzen

Tückisch: Auf denselben Linien mit denselben Nummern fahren auch Schnellbusse, die nicht überall halten. Und meiden Sie das Gedränge zu den Stoßzeiten!

Ladengeschäfte finden Sie über den Straßennamen, Hotelbars und -restaurants über den Namen des Hotels.

Altes Observatorium	故观象台
Aquarium	北京海洋馆
Architekturmuseum	先农坛，建筑博物馆
Ba Da Chu	八大处
Baita Si	白塔寺
Baiyun Guan	白云观
Bamboo Garden Hotel	旧鼓楼大街，竹园宾馆
Beihai-Park, Südtor	北海公园南门
Beihai-Park, Nordtor	北海公园北门
Beijing Asia Hotel	北京亚洲锦江大酒店
Beijing Concert Hall	北京音乐厅
Beijing Curio City	北京古玩城
Beijing Gongmei Art World	北京工美艺术世界
Beijing Hotel	北京饭店
Beijing Jadeware Factory	光明路，北京玉器厂
Beijing Tourism Administration etc.	建国门外，旅游局业务楼
Biyun Si	碧云寺
(Bolouvard Bistro:) Wangfujing	王府井
Botschaft der BRD	东直门外大街，德国大使馆
Botschaft der Republik Österreich	秀水南街，奥地利大使馆
Botschaft der Schweiz	三里屯东五街，瑞士大使馆
(CD Cafe:) Landwirtschafts-Ausstellungshalle	农展馆
Chang'an Jie Ost, Ecke Dongdan	东长安街，东单路口
Chang'an Jie West, Ecke Xidan	西长安街，西单路口
Chaowai-Markt	东三环南路，朝外市场
Chaoyang-Theater	朝阳剧场
China World Hotel	中国大饭店
Daguan Yuan	大观园
Daijia Cun	体育馆路，傣家村
Dasanyuan	景山西街，大三元酒家
Dashalan	大栅栏
Dong'anmen-Nachtmarkt	东安门夜市
Dongdan	东单
Dongyue Miao	东岳庙
Duyichu	前门大街，都一处烧麦馆
(Ehem. Gesandtschaftsviertel:) Straße Taijichang Dajie	台基厂大街
(Erdaltar:) Erdaltar-Park, Südtor	地坛公园南门
(Erntealtar:) Sun-Yatsen-Park	中山公园
Exhibition Centre Hotel	展览馆宾馆
Fahai Si	法海寺
Fangshan Restaurant	北海公园，仿膳饭庄
Flughafen	首都机场
(Frank's Place:) Arbeiterstadion, Ostseite	工人体育场东路

Freundschaftsladen	友谊商店
Geologisches Museum	中国地质博物馆
Glockenmuseum	古钟博物馆
Glockenturm	钟楼
Grand Hotel	贵宾楼饭店
Great Wall Sheraton	长城饭店
Große Halle des Volkes	人民大会堂
Große Mauer/Badaling	八达岭长城
Große Mauer/Mutianyu	慕田峪长城
Große Mauer/Simatai	司马台长城
Guiyou Shangdian	贵友商店
Guoan Hotel	国安宾馆
Haoyuan Hotel	天坛东路，昊园宾馆
Hard Rock Cafe	硬石餐厅
Hauptbahnhof	北京站
Hilton	希尔顿饭店
(Himmelsaltar:) Himmelsaltar-Park, Südtor	天坛公园南门
(Himmelsaltar:) Himmelsaltar-Park, Westtor	天坛公园西门
Holiday Inn Crowne Plaza	王府井假日饭店
Hongqiao-Markt	红桥市场
Houhai, Nordufer	什刹海后海北沿
Houhai, Südufer	什刹海后海南沿
Hua Du Hotel	华都饭店
Huangchenggen-Markt	东皇城根南街
Hu-Guang-Gildenhaus	虎坊桥，湖广会馆
International Club Hotel	北京国际俱乐部饭店
International Theatre (Poly Plaza)	保利大厦国际剧院
Internationales Postamt	建国门国际邮电局
(Jazz-ya:) Sanlitun Lu	三里屯路
Jianguo Hotel	建国饭店
Jietai Si	戒台寺
Jinghua Fandian	南三环中路，京华饭店
Jinglun Hotel	京伦饭店
Kaiserliche Akademie	国子监
Kaiserpalast, Mittagstor (Haupteingang)	故宫午门
Kaiserpalast, Nordtor	故宫神武门
Kaorou Ji	什刹海前海东沿，烤肉季
(Kebab Kafe:) Sanlitun Lu	三里屯路
(Kelai'er:) New World Center	崇文门外，新世界商场
Kempinski Hotel	燕莎中心凯宾斯基饭店
Kloster der azurblauen Wolken	碧云寺
Kloster der weißen Wolken	白云观
Kohlehügel (Jingshan)	景山
Konfuziustempel	孔庙
Kulturpalast der Nationalitäten	民族文化宫
Kulturpalast der Werktätigen	劳动人民文化宫
Kunsthalle	中国美术馆

Lamatempel.....................	雍和宫
Lao She Teahouse..................	前门西大街，老舍茶馆
Liulichang	琉璃厂
Liyuan Theatre	前门饭店，梨园剧场
Longqing-Schlucht................	龙庆峡
Lu-Xun-Museum.................	鲁迅博物馆
Luftfahrtmuseum in Changping	昌平县大汤山，航空博物馆
Lufthansa Center	燕莎中心
Lüsongyuan Hotel	宽街板厂胡同，侣松园宾馆
Mao-Mausoleum	毛主席纪念堂
Marco-Polo-Brücke	卢沟桥
(Metro Cafe:) Gongrentiyuchang Xilu	工人体育场西路
Militärmuseum	军事博物馆
Ming-Grab Changling	长陵
Ming-Grab Dingling	定陵
Ming-Gräber, Geisterallee...........	明陵神道
Ming Jiaozi Canguan	东三环北路燕沙桥，名饺子餐馆
Minzu Hotel	民族饭店
Moschee	牛街清真寺
Museum der chinesischen Geschichte	中国历史博物馆
Museum der chinesischen Revolution	中国革命博物馆
(Nashville:) Dong Daqiao Xiejie	东大桥斜街
Naturkundemuseum	北京自然博物馆
(Nightman Disco:) Xibahenanli.........	西坝河南里
Palace Hotel....................	王府饭店
Palastmuseum, Nordtor..............	故宫博物院，神武门
Panjiayuan-Markt	潘家园旧货市场
(Paulaner Brauhaus:) Lufthansa Center ...	燕莎中心
Peace Hotel	和平宾馆
Pekingmensch-Museum in Zhoukoudian .	周口店北京猿人遗址博物馆
(Phrik Thai:) Chaoyang Lu............	朝阳路关东店三巷，京港泰式美食
Qianmen Dajie	前门大街
Quanjude Kaoya Dian	前门大街，全聚德烤鸭店
Radisson SAS Hotel	北京皇家大饭店
Residenz des Prinzen Gong	恭王府
Residenz Song Qinglings	宋庆龄故居
Ritan Fanzhuang..................	日坛饭庄
(Sanlitun:) Sanlitun Lu, Südende	三里屯路南口
Sanwei Bookstore.................	复兴门内大街，三味书店
(Schiller's Bar:) Lufthansa Center	燕莎中心
(Schiller's II:)	亮马河南街
Shan Fu Restaurant...............	积水潭，山釜餐厅
Shangri-La	香格里拉饭店
Shi Du........................	十渡
Shichahai	什刹海
Shichahai-Markt	什刹海前海西沿，旧货市场
Sichuan Douhua Restaurant...........	广渠门外，四川豆花饭庄

Sprechen und Verstehen ganz einfach

Zur Orientierung hier eine kurze Einführung in die Aussprache. Wir verwenden im Sprachführer nicht die Standardumschrift (wie vorn im Führer), sondern eine vereinfachte Lautschrift, die sich an der deutschen Aussprache orientiert.

Die wichtigsten Besonderheiten der Standardumschrift (linke Spalte, kursiv) und wie wir sie im Sprachführer wiedergeben.

ao wie au. Wir schreiben au.
c wie tz in »Platz.« Wir schreiben tz.
ei wie eh in »Weh«. Wir schreiben eh.
ch wie tsch in »deutsch«. Wir schreiben tsch.
i nach *c, ch, r, s, sh, z, zh*: verlängert nur den Anlaut, stimmhaft. Wir schreiben i.
j wie dj in »Django«. Wir schreiben dj.
h wie ch in »ach«. Wir schreiben h.
q wie tch in »Lottchen«. Wir schreiben tch.

r am Silbenanfang wie g in »Genie«, sonst wie englisches r. Wir schreiben r.
s wie ß. Wir schreiben ß.
sh wie sch. Wir schreiben sch.
x wie ch in »ich«. Wir schreiben ch.
z wie s in »Sonne« mit einem d davor. Wir schreiben ds.
zh wie dsch in »Dschungel«. Wir schreiben dsch.

Bitte beachten: Doppel- und Dreifachvokale sind nicht getrennt, sondern in eins zu sprechen, so ist z. B. »shuang« oder »liau« jeweils nur eine Silbe.

Die vier verschiedenen Silbenakzente in der chinesischen Hochsprache sind nicht in jedem Fall zum Verständnis wichtig. Falls Sie es dennoch probieren wollen:

¯ 1. Ton: gleichbleibend hoch
ˊ 2. Ton: ansteigend
ˇ 3. Ton: absinkend-ansteigend
ˋ 4. Ton: fallend

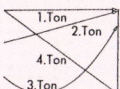

1.Ton / 2.Ton — hohe Tonlage
4.Ton / 3.Ton — tiefe Tonlage

AUF EINEN BLICK

Ja, richtig.	duèh.	对.
Ja, einverstanden.	hǎu.	好.
Nein, falsch.	bú duèh.	不对.
Nein, ich lehne ab.	bù hǎu.	不好.
Danke.	chiǎchiǎ.	谢谢.
Bitte, nichts zu danken!	bú chiǎ!	不谢!
Bitte! (Aufforderung)	tchǐng!	请!
Entschuldigung!	duèh bù tchǐ!	对不起!
Wie bitte?	nǐ schuō schémmo?	你说什么?
Ich verstehe Sie nicht.	uǒ bù dǔng?	我不懂?
Ich möchte …	uǒ yàu …	我要…
Das gefällt mir.	uǒ hěn chǐ huān.	我很喜欢.
Das gefällt mir nicht.	uǒ bù chǐ huān.	我不喜欢.
Haben Sie …	nǐ yǒu méh yǒu …	你有没有…
Bitte nicht/bitte kein!	bú yàu!	不要!
Wo ist die Toilette?	tzè ßuǒ dsài nǎli?	厕所在哪里?
Eine Quittung, bitte!	yàu fā piàu.	要发票.

Guten Morgen!	dsǎu!	早！
Guten Tag/Abend!	nǐ hǎu!	你好！
Wie heißen Sie?	nín guèh chìng!	您贵姓？
Wie geht es Ihnen/dir?	'nǐ hǎu ma?	你好吗？
Auf Wiedersehen!	dsài djiàn!	再见！
Bis morgen!	míngtiǎn djiàn!	明天见！

UNTERWEGS

Auskunft

links/rechts	dsuǒ/yòu	左/右
geradeaus	uǎng tchiǎn	往前
nach Osten/Westen	uǎng dūng/chī	往东/西
nach Norden/Süden	uǎng běh/nán	往北/南
Ist es weit?	yüǎn bù yüǎn?	远不远？
Bitte, wo ist …	huǒ tschē dschàn	
… der Bahnhof?	dsài nǎli?	火车站在哪里？
… die U-Bahn?	dì tiǎ dsài nǎli?	地铁在哪里？
… die Bushaltestelle?	tschē dschàn dsài nǎli?	车站在哪里？
Welcher Bus fährt nach …?	dàu … dsuò djǐ lù?	到 … 坐几路？

Fahrradfahren

Ich möchte ein Rad mieten.	uǒ yàu dsū í liàng dsì chíng tschē.	我要租一辆自行车.
Was kostet es pro Tag?	ì tiǎn duō schǎu tchiǎn?	一天多少钱？
Die Bremse funktioniert nicht richtig.	schā tschē huàile.	刹车坏了.

Taxi fahren

Bitte nach/zu …	dàu …	到 …
Was kostet es nach …?	dàu … duō schǎu tchiǎn?	到 … 多少钱？
Was kostet es für einen Tag?	bāu tschē ì tiǎn duō schǎu tchiǎn?	包车一天多少钱？
Halten Sie dort!	tchiǎn miàn tíng tschē!	前面停车！
Ich steige hier aus.	dschè lǐ chià tschē.	这里下车.
Bitte warten Sie.	tjǐng nǐ děng uǒ.	请你等我.

Fernverkehr

Eine Karte nach …	ì dschāng piàu dàu …	一张票到 …
Wann fahre ich ab?	schémmo schíhou fā tschē?	什么时候发车？
Wann fliege ich ab?	schémmo schíhou tchīfēh?	什么时候起飞？
Wann komme ich an?	schémmo schíhou dàu?	什么时候到？
Schlafwagen bitte.	uǒ yàu ruǎn uò.	我要软卧.
Liegewagen bitte.	uǒ yàu ìng uò.	我要硬卧.
Weiche Sitzklasse bitte.	uǒ yàu ruǎn dsuò.	我要软座.
Harte Sitzklasse bitte.	uǒ yàu ìng dsuò.	我要硬座.

SPRACHFÜHRER CHINESISCH

ESSEN/UNTERHALTUNG

Wo gibt es hier …	fù djīn nǎlǐ yǒu …	附近哪里有好饭店？
… ein gutes Restaurant?	… hǎu fànguǎn?	
Reservieren Sie uns bitte für heute Abend einen Tisch für … Personen.	uǒmen djīn tiān uǎnschàng dìng … ge rén de uèh dsì.	我们今天晚上订 … 个人的位置.
Bitte bringen Sie uns …	tjǐng lái …	请来 …
Bitte noch etwas Reis.	tjǐng dsài lái mǐfàn.	请再来米饭.
Bitte noch eine Flasche Bier.	tjǐng dsài lái ì píng pídjiǒu.	请再来一瓶啤酒.
Danke, genug!	gòule, chiàchiä.	够了, 谢谢.
Prost!	gān bēh!	干杯.
Bezahlen bitte.	uǒ yàu fù tchián.	我要付钱.

EINKAUFEN

Wo bekomme ich …?	nǎlǐ néng mǎi dàu …?	哪里能买到 …
… Filme	… djiāudjüän	… 胶卷?
… Obst/Kekse	… schuěhguǒ/bǐnggān	… 水果/饼干?
… Medizin	… yàu	… 药?
… Zigaretten	… chiāng yän	… 香烟?
Haben Sie …?	yǒu méh yǒu …?	有没有 … ?
Haben wir/nicht.	yǒu/méh yǒu.	有/没有.
Was kostet das?	duō schǎu tchián?	多少钱?
Bitte zeigen Sie mir das da.	uǒ chiǎng kànkan nèhge.	我想看看那个.
Das ist mir zu teuer.	tài guèh le.	太贵了.
Ich möchte es …		
… kaufen.	uǒ mǎile.	我买了.
… nicht kaufen.	uǒ bù mǎi.	我不买.

ÜBERNACHTUNG

Wo kann man hier übernachten?	fù djīn yǒu méh yǒu lǚguǎn?	附近有没有旅馆?
Haben Sie noch Zimmer frei?	hái yǒu méh yǒu fáng djiān?	还有没有房间?
Ich bleibe	uǒ dschù	我住
… eine Nacht,	… íge uǎnschàng.	… 一个晚上.
… drei Tage.	… ßān tiǎn.	… 三天.
… eine Woche.	… íge chingtjī.	一个星期.
Was kostet eine Nacht?	íge uǎnschàng duō schǎu tchián?	一个晚上多少钱?
Haben Sie ein Zimmer mit Bad?	yǒu méh yǒu dài uèh schēng djiān de fáng djiān?	有没有带卫生间的房间?

Arzt

Ich brauche einen Arzt.	uǒ yàu kàn īschēng.	我要看医生.
Ich habe hier Schmerzen.	dschèlǐ téng.	这里疼.
Ich habe Durchfall.	uǒ lā dùdsi.	我拉肚子
Ich habe Fieber.	uǒ fā schāu.	我发烧.
Haben Sie eine Kopf-schmerztablette?	yǒu méh yǒu tóuténg yàu?	有没有头疼药?

Geldwechsel

Wo kann man hier Geld tauschen?	fù djìn nǎlǐ duèh hùan uài bì?	附近哪里兑换外币?
Wie hoch sind die Gebühren?	schǒu chù fèh duō schǎu?	手续费多少?

Post

Nach …	djì uǎng …	寄往
… Deutschland.	… Déguó.	… 德国.
… Österreich.	… Àudìlì.	… 奥地利.
… Schweiz.	… Ruèhschì.	… 瑞士.
Mit Luftpost.	háng kūng.	航空.
Ansichtskarte	míngchìnpiàn	明信片

Zahlen

0	líng	零	19	schí-djiǔ	十九
1	ī	一	20	èr-schí	二十
2	èr*	二	21	èr-schí-ī	二十一
3	ßān	三	22	èr-schí-èr	二十二
4	ßì	四	30	ßān-schí	三十
5	ǔh	五	40	ßì-schí	四十
6	liù	六	50	ǔh-schí	五十
7	tchī	七	60	liù-schí	六十
8	bāh	八	70	tchī-schí	七十
9	djiǒu	九	80	bāh-schí	八十
10	schí	十	90	djiǔ-schí	九十
11	schí-ī	十一			
12	schí-èr	十二	100	ì-bǎi	一百
13	schí-ßān	十三	101	ì-bǎi-líng-ī	一百零一
14	schí-ßì	十四	200	èr-bǎi	二百
15	schí-ǔh	十五			
16	schí-liù	十六	1.000	ì-tchiān	一千
17	schí-tchī	十七	10.000	í-uàn	一万
18	schí-bāh	十八	1.000.000	ì-bǎi-uàn	一百万

* Zählt man Gegenstände, Personen etc., wird statt »èr« liǎng-gè« verwendet.

tsàidān
菜单
Speisekarte

FRÜHSTÜCK

Kaffee	kāfēh	咖啡
schwarzer Tee	húng tschá	红茶
Milch	nióu nǎi	牛奶
Ölstangen	yóu tiáu	油条
gefüllte Dampfnudeln	bāudsi	包子
Salzgemüse	chiǎn tsài	咸菜
Reissuppe, Reisbrei	chī fàn	稀饭
Sojamilch	dòu djiāng	豆浆

IN DER GARKÜCHE

gekochte Teigtaschen	schuǐ djiǎu	水饺
gedämpfte Teigtaschen	dschēng djiǎu	蒸饺
gebratene Teigtaschen	guō tiā	锅贴
Shaomai-Teigtaschen	schāumài	烧卖
kleine runde Hefeteig-taschen	chiǎu lúng bāu	小笼包
Wantan-Suppe	hún dùn	馄饨
kalte Nudeln, scharf, »nach Art des Straßenverkäufers«	dāndān miàn	担担面
Nudelsuppe	tāng miàn	汤面
handgezogene Nudeln	lā miàn	拉面
Bratnudeln	tschǎu miàn	炒面
Bratreis	tschǎu fàn	炒饭
Fladenbrot mit Frühlingszwiebeln	tsūng yóu bǐng	葱油饼

ZUBEREITUNGSARTEN

frittiert	dschá-	炸
gebraten	djiān-	煎
gedämpft	dschēng-	蒸
gekocht	dschǔ	煮
geraucht	chūn-	熏
geschmort	húngschāu-	红烧
kurz gegart	tschǎu-	炒
süßsauer	tángtzù-	糖醋
Tontopfgericht	schā guō	沙锅

FLEISCH

Ente	yā	鸭
Huhn	dji	鸡
Lamm/Hammel	yáng ròu	羊肉
Rind	níu ròu	牛肉
Schlange	sché	蛇
Schwein	dschū ròu	猪肉

FISCH UND MEERESFRÜCHTE

Aal	schànyú	鳝鱼
Abalone	bāu yú	鲍鱼
Austern	hàu, mǔlì	蚝，牡蛎
Fisch	yú	鱼
Garnelen	chiā	虾
Hummer	lúng chiā	龙虾
Karpfen	lǐyú	鲤鱼
Krebs	páng chiā	螃蟹
Tintenfisch	mòyú	墨鱼

TYPISCHE SPEISEN

Pekingente	Běhdjīng kǎuyā	北京烤鸭
Feuertopf	huǒ guō	火锅
Lammfleisch-Feuertopf	schuàn yáng ròu	涮羊肉
knuspriger Reis	guōba	锅巴
Rindfleisch in Austernsoße	hàu yóu níu ròu	蚝油牛肉
gedämpfter Karpfen	tchīng dschēng lǐyú	清蒸鲤鱼
scharfer Doufu »nach Art der pockennarbigen Alten«	mápó dòufu	麻婆豆腐
süß-scharfe Fleischstreifen mit Fischgeschmack	yú chiāng ròu ßī	鱼香肉丝
Hühnerfleischwürfel mit Erdnüssen	gūngbǎu djīdīng	宫保鸡丁
zweimal gebratenes Schweinefleisch	huéh guō ròu	回锅肉
buddhist. Fastenspeise (vegetarisch)	luóhàn dschāi	罗汉斋
»Löwenköpfe« (Hackfleischkloß in Chinakohl)	húng schāu schī dsi tóu	红烧狮子头
Rindfleisch mit Bambussprossen und Pilzen	schuāng dūng níu ròu	双冬牛肉

Glasnudeln mit Hackfleisch	mǎ ǐ schàng schù	蚂蚁上树
Bettlerhuhn	djiàu hūa dsi djī	叫花子鸡
Spanferkel (ganz)	tchüán rǔ dschū	全乳猪
mit Tee und Kampfer geräucherte Ente	dschāng tschá yā	樟茶鸭

BEILAGEN

Reis	mǐ fàn	米饭
Weizennudeln	miàn tiáu	面条
Dämpfbrot	mántou	馒头
Maismehlklöße	uō tóu	窝头

NACHTISCH

Süßer Klebreis mit »acht Kostbarkeiten«	bā bǎu fàn	八宝饭
Mandeldoufu mit Kompott	chìng rén dòufu	杏仁豆腐
Suppe mit süßen Sesambällchen	dschīma tāngyüán	芝麻汤圆
Süße Suppe mit roten Bohnen	húng dòu tāng	红豆汤
Äpfel in Karamel	báßǐ píngguo	拔丝苹果

OBST

Äpfel	píngguo	苹果
Aprikosen	chìng	杏
Banane	chiāng djiāu	香蕉
Birnen	lí	梨
Erdbeeren	tzǎuméh	草莓
Honigmelone	hāmǐ guā	哈密瓜
Kirschen	yīngtáu	樱桃
Litschi	lìdschī	荔枝
Mandarinen	djǘdsi	橘子
Pfirsich	táudsi	桃子
Wassermelonen	chī guā	西瓜
Weintrauben	pútau	葡萄

Die chinesische Schrift

Nur wenige Zeichen besitzen noch Bildcharakter (z. B. für »Holz«: ein Baum mit Zweigen und Wurzeln). Manche Zeichen sind hübsche Sinnkombinationen, z. B. 田 »Feld« + 力 »Kraft« = 男 »Mann« oder 女 »Frau« + 子 »Kind« = 好 »gut«. Die meisten Zeichen aber bestehen aus einem Sinngeber – z. B. »Holz« für Baumarten und Gerätschaften – und einem Reimwort als Lautgeber:

金 Metall + 令 ling = 铃 ling, Klingel 　玉 Jade + 里 li = 理 li, Muster, regeln
木 Holz + 才 cai = 材 cai, Material 　雨 Regen + 包 bao = 雹 bao, Hagel

yǐnliàu
饮料
Getränke

Flasche	píng	瓶
Glas/Tasse	bēh	杯
Kanne	hú	壶

ALKOHOLISCHE GETRÄNKE

Bambusblattschnaps	dschú yà tchīng djiǒu	竹叶青酒
Bier	pí djiǒu	啤酒
Bier vom Fass	dschā pí	扎啤
Gelber Reiswein (Shaoxing-Wein)	schàuchīng djiǒu	绍兴酒
Maotai (Hirseschnaps)	máutái djiǒu	茅台酒
Mijiu (Xi'an-Reiswein)	mǐdjiǒu	米酒
Schnaps	bái djiǒu	白酒
Wein	pútau djiǒu	葡萄酒
rot/weiß/trocken	húng/bái/gān	红/白/干

ALKOHOLFREIE GETRÄNKE

abgekochtes Wasser	kāischuěh	开水
Mineralwasser	kuàng tchüán schuěh	矿泉水
Limonade	tchì schuěh	汽水
Obstsaft	guǒ dschī	果汁
Trinkjoghurt	ßuān nǎi	酸奶
Kaffee	kāfēh	咖啡
schwarzer Tee	húng tschá	红茶
grüner Tee	lǜ tschá	绿茶
Jasmintee	mòlihuā tschá	茉莉花茶
Oolong-Tee	ū lúng tschá	乌龙茶
»eiserner Bodhisattva« (eine Oolong-Sorte)	tiǎ guān yīn	铁观音
Presstee	pǔ ěr tschá	普尔茶

Cityatlas Peking

Die Seiteneinteilung für den Cityatlas finden Sie
auf dem hinteren Umschlag dieses Reiseführers

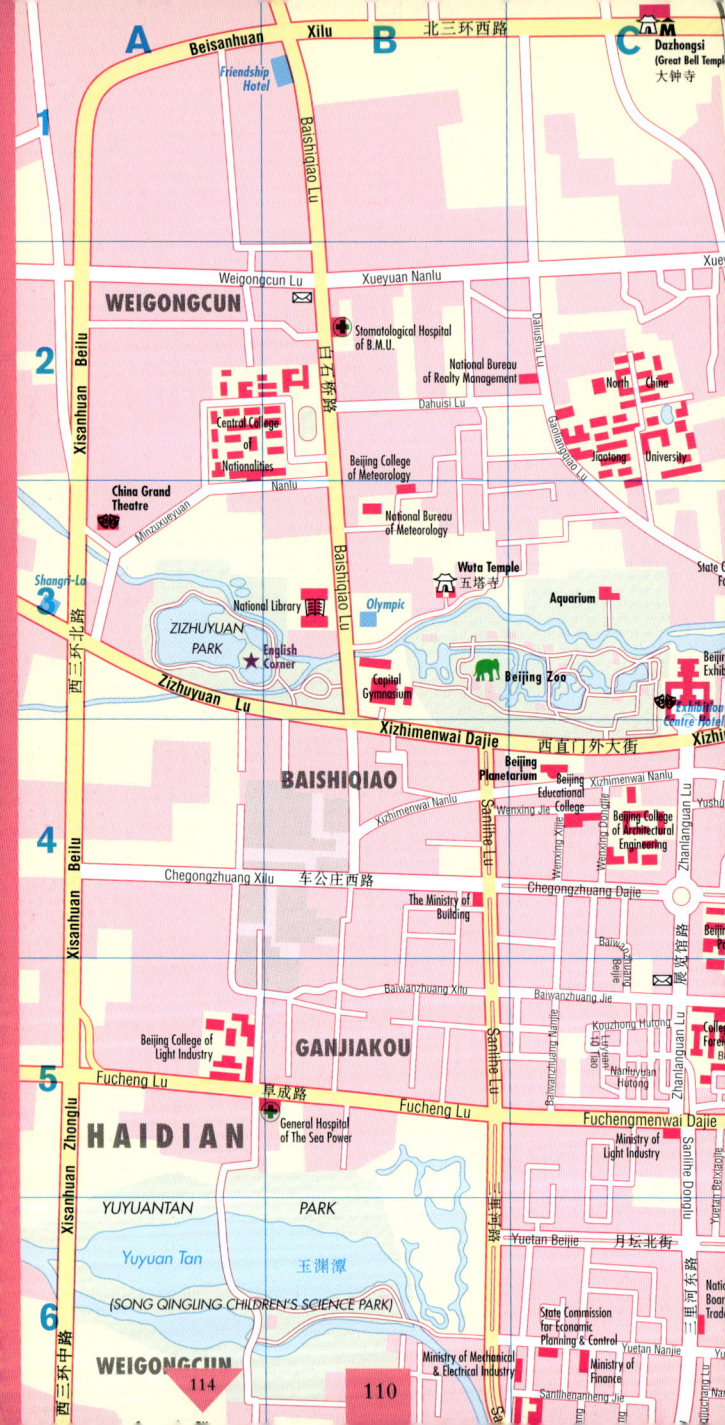

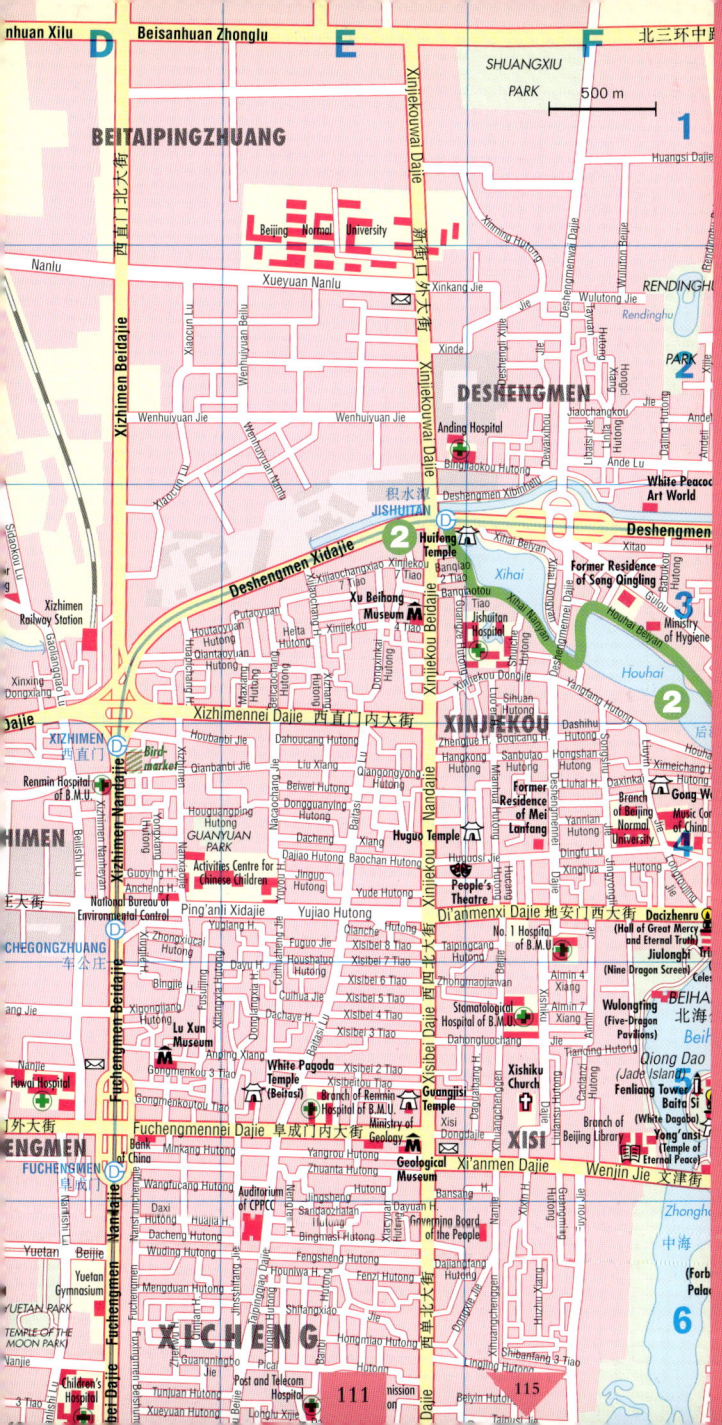

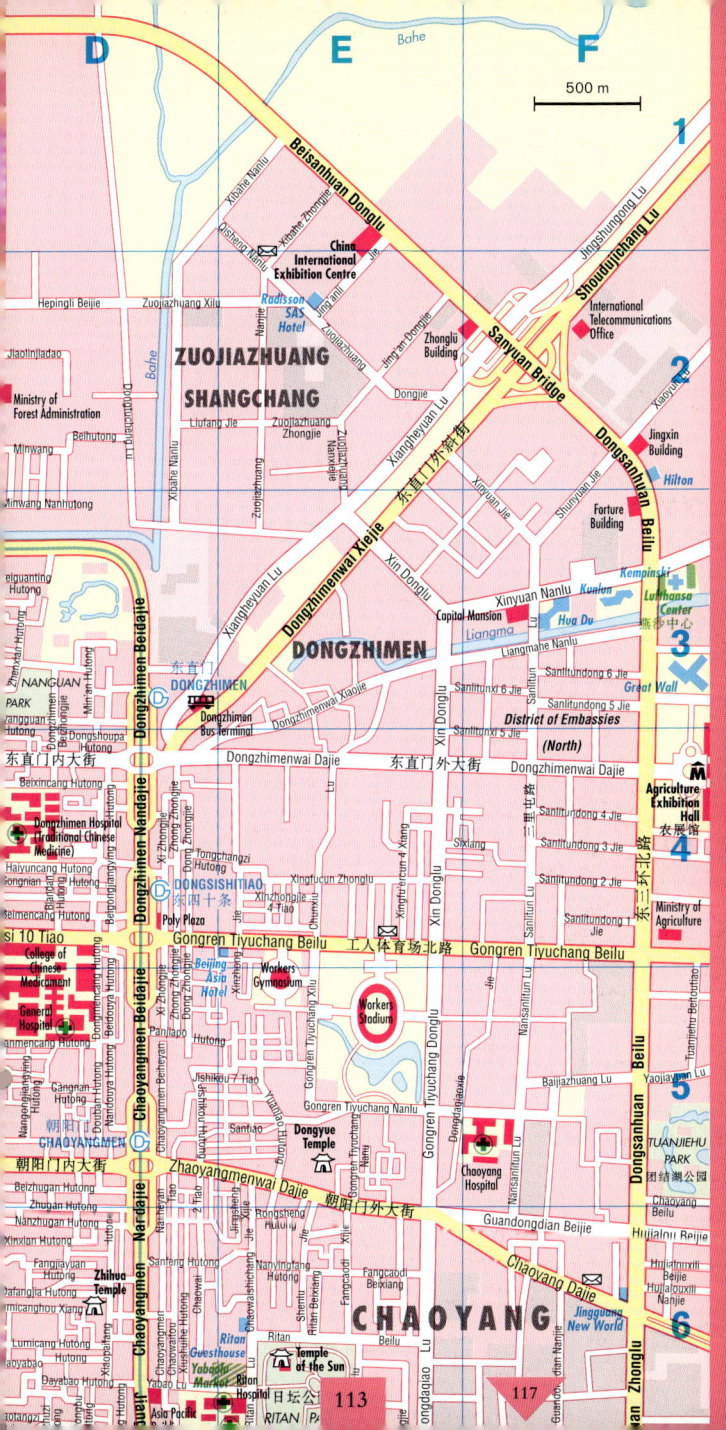

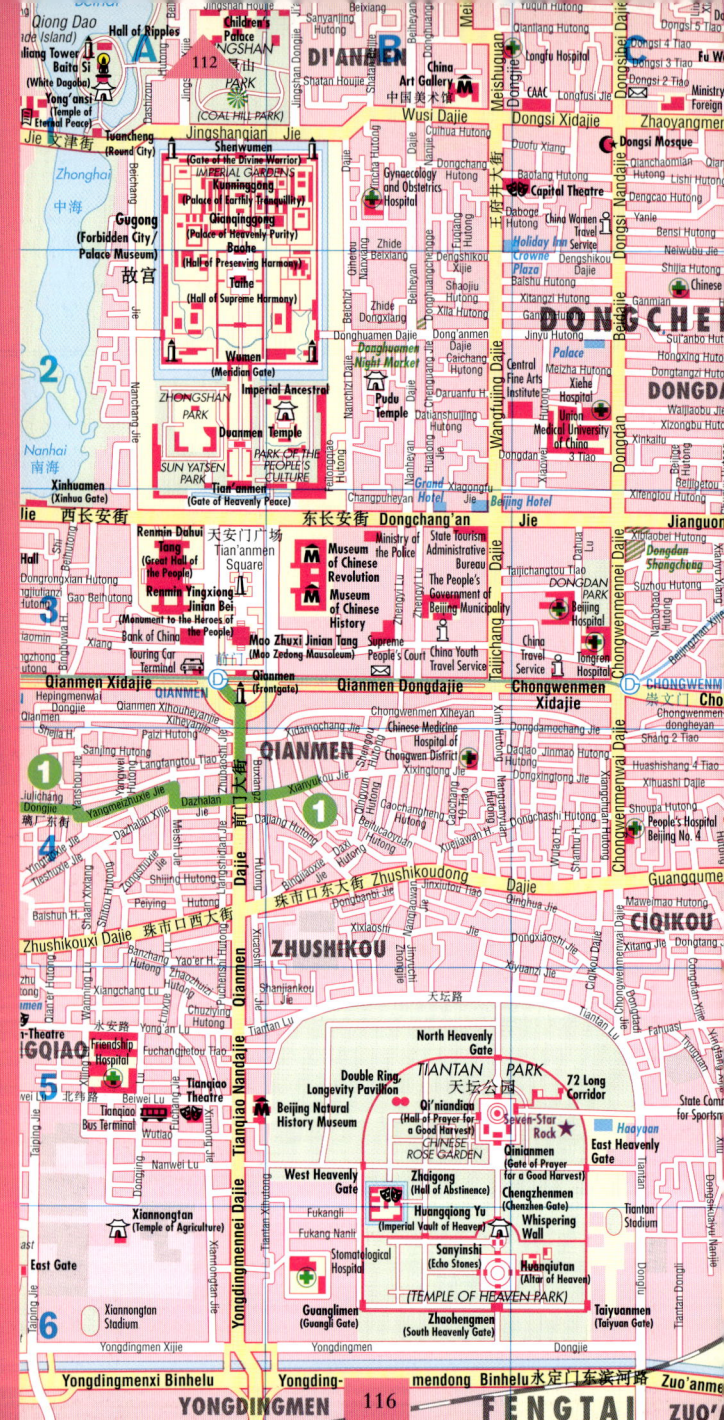

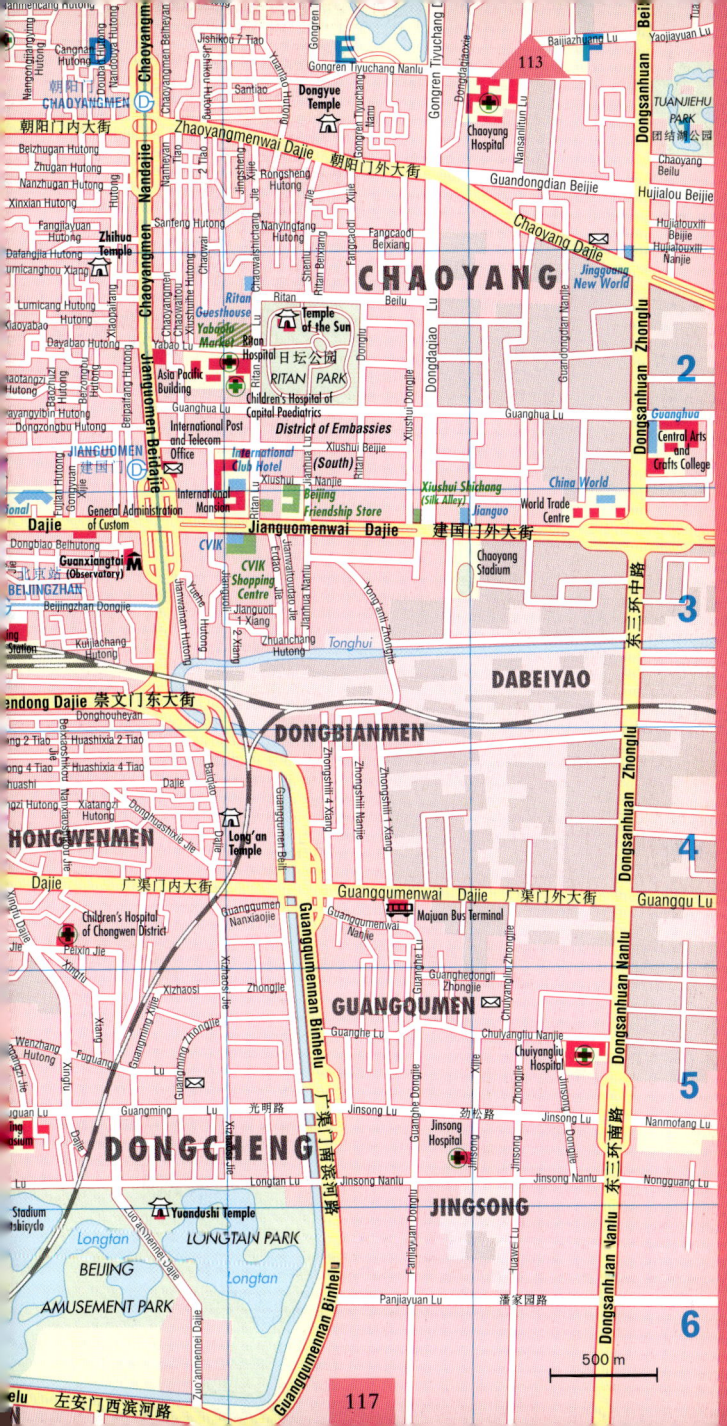

LEGENDE CITYATLAS

Church
Kirche
Église
Chiesa
Iglesia

Mosque
Moschee
Mosquée
Moschea
Mezquita

Chinese temple
Chinesischer Tempel
Temple chinois
Tempio cinese
Templo chino

Buddhist temple
Buddha-Tempel
Temple bouddhique
Tempio buddista
Templo budista

Information
Information
Informations
Informazione
Información

Post office
Postamt
Poste
Posta
Oficina de correos

Library
Bibliothek
Bibliothèque
Biblioteca
Biblioteca

Bus station
Busbahnhof
Station d'autobus
Stazione autolinee
Estación de autobuses

Theater
Theater
Théâtre
Teatro
Teatro

Cinema
Kino
Cinéma
Cinema
Cine

Museum
Museum
Musée
Museo
Museo

Tower
Turm
Tour
Torre
Torre

Monument
Denkmal
Monument
Monumento
Monumento

Point of interest
Sehenswürdigkeit
Curiosité
Curiosità
Curiosidad

Airport
Flughafen
Aéroport
Aeroporto
Aeropuerto

Subway
U-Bahn
Métro
Metroploitana
Metro

Zoological garden
Zoo
Zoo
Giardino zoologico
Jardin zoológica

Viewpoint
Aussichtspunkt
Vue panoramique
Panorama
Vista panorámica

Hospital
Krankenhaus
Hôpital
Ospedale
Hospital

Public building
Öffentliches Gebäude
Édifice public
Edificio pubblico
Edificio público

Notable building
Bemerkensw. Geb.
Édifice remarquable
Edificio notevole
Edificio notable

Market
Markt
Marché
Mercato
Mercado

Department store
Kaufhaus
Grand magasin
Grande magazzino
Grandes almacenes

Hotel
Hotel
Hôtel
Albergo
Hotel

500 m

Marco Polo Spaziergänge

 Antikes, Kurioses, Alltägliches

Die nördlichen Seen

REGISTER

In diesem Register finden Sie alle in diesem Führer erwähnten Sehenswürdigkeiten, Museen und Personennamen sowie einige Sachbegriffe. Halbfette Seitenzahlen verweisen auf den Haupteintrag, kursive auf ein Foto.

Was bekomme ich für mein Geld?

Die chinesische Währung heißt Renminbi, »Volkswährung«. Ihre Einheit ist der Yuan, unterteilt in 10 Jiao (im Volksmund immer Mao genannt) und 100 Fen. Es gibt Münzen zu 1, 2 und 5 Fen, zu 5 Jiao und zu einem Yuan, ferner Geldscheine für alle Nennwerte bis 100 Yuan. Beträge unter einem Jiao kommen praktisch nicht mehr vor. Der Yuan-Kurs schwankt mit dem US-Dollar.

Zum Preis einer Tasse Kaffee im guten Hotel (etwa 30 Yuan), erhält man in einer Imbissstube fünf 0,7-Liter-Flaschen Bier. Für den Betrag, der für einen halben Liter einheimisches Fassbier an der Hotelbar verlangt wird, kann man sich in einer Garküche drei Tage lang dreimal täglich satt essen. Die meisten Eintrittspreise liegen bei 5 bis 10 Yuan. Der Besuch des Kaiserpalastes kommt inkl. Schatzkammer und Tonbandführung auf 80 Yuan. Eine U-Bahn-Fahrt ist für 2 Yuan zu haben. Ein Taxi auf gleicher Strecke kommt selten auf über 30 (meist unter 20) Yuan. Das Luftpostporto für eine Postkarte nach Europa kostet 4,20 Yuan und ein dreiminütiges Telefonat in die Heimat etwa 70 Yuan. Für diesen Betrag kann man auch recht opulent essen gehen. Für eine Portion Teigtaschen reichen im einfachen Lokal 12 Yuan.

DM	Yuan	Yuan	DM
1	4,40	1	0,22
2	8,80	2	0,45
3	13,20	3	0,67
4	17,60	4	0,90
5	22,00	5	1,12
10	44,00	10	2,24
20	88,00	15	3,36
30	132,00	20	4,48
40	176,00	30	6,73
50	220,00	40	8,97
60	264,00	50	11,21
70	308,00	60	13,45
80	352,00	70	15,70
90	396,00	80	17,94
100	440,00	90	20,18
200	880,00	100	22,42
300	1.320,00	150	33,63
500	2.200,00	200	44,84
750	3.300,00	250	56,05
1.000	4.400,00	300	67,26

Bei Zahlungen per Scheck oder Kreditkarte am Urlaubsort werden oben stehende Kurse zu Grunde gelegt (Stand November 1999)